60个妙招

帮你培养孩子的

注意力

柴一兵 —— 编著

北京工业大学出版社

图书在版编目（CIP）数据

60个妙招帮你培养孩子的注意力 / 柴一兵编著. —
北京：北京工业大学出版社，2015.1（2021.9重印）
ISBN 978-7-5639-4171-1

Ⅰ.①6… Ⅱ.①柴… Ⅲ.①注意－能力培养－儿童
教育－家庭教育 Ⅳ.①G78

中国版本图书馆CIP数据核字(2014)第299471号

60个妙招帮你培养孩子的注意力

编　著：柴一兵
责任编辑：刘学宽
封面设计：清水设计工作室
出版发行：北京工业大学出版社
　　　　　　（北京市朝阳区平乐园100号　邮编：100124）
　　　　　　010-67391722（传真）　　bgdcbs@sina.com
经销单位：全国各地新华书店
承印单位：唐山市铭诚印刷有限公司
开　　本：787 毫米×1092 毫米　1/16
印　　张：14
字　　数：180千字
版　　次：2015年 1 月第 1 版
印　　次：2021年 9 月第 2 次印刷
标准书号：ISBN 978-7-5639-4171-1
定　　价：39.80元

前　言

你是一位怎样的家长？有工作的家长在单位要忙工作，回家还要忙孩子的作业，即使有家长的监督，孩子还是拖拖沓沓半天也写不完作业；身为老板的家长忙于事业，顾不上亲自辅导孩子的学习，只好为孩子找辅导班"开小灶"，但消耗大量财力、精力和时间后，孩子的成绩还是不见有什么起色；如果是相夫教子的全职主妇，平时苦口婆心地说教，辅导孩子学习时当监工又当书童，但孩子的学习效果还是没有提高……

你有一个怎样的孩子？他好动、坐不住，做什么事都是三分钟热度，刚开始还兴致勃勃，不一会儿就心不在焉了；上课注意力分散、六神无主、左顾右盼、小动作不断，上课铃刚响就盼着下课铃声响；写作业时心不在焉，看着电视、吃着零食、写着作业，半小时的作业拖拖拉拉地写上两个小时，结果还错漏百出；家长和他讲话时，他爱答不理，一只耳朵进，一只耳朵出，对家长的话漫不经心……

孩子的问题出在哪儿？记忆力不好、逻辑思维能力差、自制力不足、知识量不够、消化知识的能力不强、想象力不丰富？归根到底，都是因为孩子的注意力不集中！"授人以鱼不如授人以渔"，注意力是孩子学习和生活的

1

基本能力，它的集中与否会直接影响孩子认知、情感、思维等身心各方面的发展。只有打开注意力这扇"窗户"，智慧和效率的阳光才能洒满孩子的心田。

本书专门针对孩子身上最常出现的注意力不集中问题展开举例、论述、分析，给正在为此头疼不已的家长们指点迷津。先是解释了注意力的范畴、含义、特点等基础概念；然后逐条列举了导致孩子注意力不集中的原因；随后讲的是家长在提高孩子注意力方面的作用；接下来的内容分别从情绪、兴趣、运动、睡眠、训练几个方面详细论述了提高和培养孩子注意力的方法。

每个小篇目里都设有"情景再现"，方便家长了解各种各样的注意力不集中的表现，与自己孩子的情况相比较；"孩子的心里话"，是从另一个角度说明了孩子的真实想法，借以消除家长的误解，防止"药不对症"；最后是在两者基础上，整理、归纳、指导"家长应该怎么办"，从现象、原因、方法等角度，提出具体可操作的指导说明。

本书立足于孩子注意力后天培养的侧重点，采用教育学家、心理学家的最新研究成果，整理、提炼出提升注意力的方法，力求内容切合主题、分析细致入微，能够为家长们提供实质性的帮助。不仅能带家长们走出家庭教育的困境，还能帮助孩子从根本上解决注意力不集中的问题，从而提升学习成绩和做事的效率。

目　　录

第一章　认识：注意力到底是什么

第二章　缘由：孩子为何注意力不集中

第三章　反思：孩子注意力不集中，家长应做"检讨"

第四章　情志：解除"千千结"，提升注意力

第五章　兴趣：注意力的指路明灯

第六章 运动：运动能促进集中注意力

第七章 睡眠：睡不好，注意力会下降

第八章　训练：方方面面助阵注意力提高

第一章
认识：注意力到底是什么

　　注意力，指一个人专心于某一事物、活动时的心理状态。注意力可以说是打开心灵的门户。门开得越大，孩子学到的东西就越多，而注意力不集中等于是关闭了心灵的门户，导致一切有用的知识信息都无法进入。你是否仔细观察过孩子？当周围有声响、动静、光线变化，或者有人活动时，孩子是继续做自己的事情，还是停下来去看呢？对于孩子来说，什么是注意力集中，什么是注意力不集中？这一章就针对有关注意力的含义、特点、评断标准等展开叙述，让家长先去了解什么是注意力，再去有的放矢地提高孩子的注意力。

1

细心观察，注意力好坏有标准

"丽丽的注意力分散情况很严重，班里总会有那么几个带着头不专心听讲的孩子，丽丽就是一个，真是拿她没办法。上课时好像完全没拿学习当回事儿，总是左顾右盼，不是玩自己的文具，就是和同学传传小纸条。她上课时和谁说话，谁就不能认真听课，肯定会影响其他同学的学习效果的。"老师对丽丽妈妈说。

"她在学校时原来是这个样子啊。可丽丽在家里看书时很认真，一两个小时都坐得住，不会分心。这孩子到底是注意力强还是注意力差呢？真是让人搞不懂了。"妈妈有些无奈地感叹。

回到家里，妈妈把正在玩玩具的丽丽叫过来训话："老师为什么说你注意力不集中，上课的时候不专心？"

"我没有不专心啊。"丽丽反驳道。

"上课玩铅笔，和同学传纸条，还不算注意力不集中吗？"妈妈说。

"我是做了点和课堂无关的事情，但是老师讲的内容我都听进去了呀，没有影响学习嘛，看平常我写的作业和考试成绩就知道了。"丽丽接着解释。

"老师还说你影响其他同学听课，把他们也带坏了呢。"妈妈搜刮着脑海中老师对丽丽的评价，试图打败孩子的"狡辩"。

3

"那是他们能力不行，没有像我这样同时做很多事情、什么事还都能做好的能力。"丽丽不无自豪地说。

"那是老师说错了？"妈妈将信将疑。

"老师哪有妈妈你了解我呀，我平时在家里表现多好，从来没让你操心过我的注意力问题。"丽丽搂着妈妈说。

被丽丽这样变相地一夸，妈妈原本不满的情绪渐渐缓和了下来，"老师又不会读心术，她只要看你没有盯着课本、盯着老师，就会认为你走神了，你以后还是管好自己，免得再被批评，让同学笑话你。"

"知道啦。"丽丽说道。

孩子的心里话

老师真的是误会我了，把我这个天才儿童当成一般的孩子来看待了。妈妈也觉得老师说什么都是对的，如果我说的和老师说的不一样，她也会认为是我在撒谎。但谁都知道，老师也是人呀，是人就会犯错误，她说的话也不一定就是事实吧。

家长该怎么办

丽丽说自己的注意力没有问题，老师却说她的注意力是个大问题，妈妈当然是更相信老师的话了。这让丽丽有点被冤枉的感觉。究竟老师的话可不可信，还是丽丽被冤枉了呢？这里首先要声明的一点是：注意力的集中与否并不是老师和父母说了算，也不是孩子说了算。那到底有什么标准来衡量孩子注意力集中的程度呢？

一、注意力的四种品质

注意力的四种品质即注意的广度、注意的稳定性、注意的分配和注意的转移，这是衡量一个人注意力好坏的标志。

1.注意的稳定性

注意的稳定性指的是一个人在一定时间内，在某一特定的对象与活动上比较稳定地集中注意的能力。比如孩子在上课的时候，是否一直听着老师所讲的内容，是大部分时间处在"溜号"状态或者偶尔会出现"溜号"状态；知识断点比较多，但还是能从头至尾地听下来，即使做不到一字不漏，至少能抓住每个知识点。

2.注意的广度

注意的广度指的就是注意的范围，即一瞬间内所能清楚地觉察或认识的对象的数量有多少。研究表明，在一秒内，一般人可以注意到4～6相互间联系的字母，5～7个相互间没有联系的数字，3～4个相互间没有联系的几何图形。一般来说，孩子的注意广度要比成年人小，但是随着智力发育的成熟和有意识的训练，他的注意广度也会不断得到提高。

3.注意的分配性

注意的分配是指一个人在进行多项相近或完全不同的活动时把注意力平均分配到各个活动当中的能力。注意的分配常常受限于注意力的有限。孩子不可能对每件事情都加以同等的关注，顾此失彼是情有可原的。但是，在熟悉被注意的目标、目标较简单、目标之间联系紧密的情况下，孩子有可能可以同时注意一个或几个目标，并且不忽略任何一个目标。

4.注意的转移性

注意的转移指的是一个人能够自发地、有目的地、及时地将注意从一个对象调整到另一个对象。它是快速加工信息形成判断的基本能力保证。思维越灵活的人，转移注意力的能力就越强。注意力的转移和集中似乎是对立的，但实则是一个事物的两个方面。孩子每天都在这两种状态下学习或生活，每天的课程一节接着一节，每一节课的内容都有所不同。可见，拥有较强的适时转移注意力和集中注意力的能力对孩子提高学习成绩有多重要。

二、孩子集中注意力时的表现

当孩子把注意集中在某个对象上时，不管是关注某个物品还是从事某项事情，都会伴随着一些特有的生理变化和表情动作。只要家长善于观察，就能根据这些表现来较为准确地判断出孩子是否正处于注意力高度集中的状态中。

1.感官朝向被注意的东西，产生适应性的活动

看的时候，举目凝视，视线几乎不会偏离目标；听的时候，侧耳倾听，会把耳朵转向声源的方向；沉浸于思考的时候，眼睛看着远方一样，目光呆滞。这里的举目凝视、侧耳倾听、呆视远方都是注意时会产生的适应性活动。

2.无关动作会停止

当孩子集中注意力时，他的外部动作常常表现为静止状态。比如，孩子在看动画片时，除了眼睛看着电视，其他肢体动作都像停止了一般，整个人坐在沙发上一动不动；孩子听故事，听得出了神，抬着头一动不动地望着讲故事的人，变得很安静。这些就是孩子在高度集中注意力时无关动作停止的表现。

3.呼吸变得轻缓

孩子在注意力集中时，呼吸会变得轻微而缓慢，一般吸气的时间更加短促，而呼气的时间更加延长。甚至在全神贯注的状态下，常会发生呼吸暂时停止的情况，即"屏息"、"憋气"。

4.其他现象

孩子在集中注意时，还会出现心跳加快、紧咬牙关、紧握拳头、蹙眉等现象。

三、孩子注意力分散时的表现

1.好动、坐不住

比如，孩子一会儿吵着要看动画，结果看了几分钟，电视还开着，孩子

却背过身去玩玩具了，没过一会儿，孩子又满屋子乱跑，找寻新的乐趣。

2.心不在焉、想入非非

比如，家长在和孩子说话的时候，家长说的是A，孩子心里想的却是B，以至家长在询问A的内容时，孩子所答非所问，根本没有把家长的话传递到大脑里进行分析过。

3.粗心、马虎、差错多

比如，家长嘱咐孩子的什么事情，他一口一个地应允着，结果却错漏百出，完不成任务。家长让孩子去买酱油，他却带了一包盐回来，还说自己听到的就是这个。

2

抓住注意力的特点，对症下药

情景再现

家长会后，博雅妈妈找到老师，询问女儿在学校的表现。

"老师，您刚才在点评学生的时候，怎么一直在夸博雅呀？"妈妈不解地问。

"孩子表现好，当然要夸了。"老师对这位家长的询问感到奇怪。

"为什么您了解到的博雅和我认识的博雅不像是一个人呢。"妈妈苦笑道。

"为什么这么说？"老师听到这里，来了兴趣。

"博雅在家时，根本不像您说的那样，她在学校的时候上课专心听讲，可是在家里做什么事都是三心二意的。让她看书，能坚持看半个小时就算不错了，您说她是个好静的孩子，我怎么觉得她好动呢？"妈妈说道。

"一般她这个年纪的孩子，上课时能保持20分钟的注意力集中状态，我们就会说她算是专心的孩子了，能坚持看半个小时的书对她来说不算是好动。您是没看见过那些真正注意力不集中的孩子。他们坐在课堂上不到5分钟就开始分心了，不是玩玩这个就是碰碰那个，不是和同学说话，就是自言自语，这样才算是好动吧。"老师解释道。

"原来是这样，看来平常这方面的知识我了解得太少了。可是她什么时候能变得和大人一样地专心做事呢？我觉得她现在的表现距离我的期望值很远。"妈妈问道。

"注意力是有很多自身特点的，尤其是孩子的注意力，可塑性很强，所以需要一个成长的过程、巩固的过程，您耐心一点，既不要太严苛，也不要太忽视，博雅这么聪明的孩子一定能让您引以为傲的。"老师说道。

回到家中，妈妈把自己和老师的对话复述给了博雅。

"老师说得很对呀，妈妈，你就是对我要求太严了，有些事情我也想做好，可是真的做不到，你就说我是不认真、不专心，我真的好冤枉呀。"博雅借机会诉苦。

"看来妈妈得换换角度、换换眼光了，这次的家长会我去得很有必要呀。"妈妈说道。

孩子的心里话

谢谢老师帮我说好话，要不然妈妈会一直认为我是一个注意力很差的孩子呢。妈妈可以连续看一个小时的书也不觉得累，可是我不行，看了半个小时，我就有点困了，我可没有妈妈那么好的体力。可是妈妈不理解我，在她看来我就是心不在焉、就是魂不守舍、就是三心二意、就是什么什么，我也没全部记住她批评我的那些话。

❓ 家长该怎么办

"注意"这个词通常指的是选择性的注意，也就是人的感觉（视觉、听觉、味觉等）和知觉（意识、思维等）同时关注某些事物、而忽视其他事物的倾向。通常所谓的"没有注意"，只不过是对当前所应当指向的事物没有注意，而注意了其他无关的事物。人在集中注意力的时候，总是在感知着、记忆着、思考着、想象着、体验着这件被关注的事物。

用成人注意力的特点去衡量孩子，用成人注意力的要求去给孩子布置任务，无疑是错误的。孩子年纪尚小，智力、体能、学识、经验都远不及成人，他们还处在探索外部世界的阶段。家长的"经验之谈"往往会与孩子遇到的实际情况极不相符。这样强求孩子的结果便是让孩子受到压抑，产生了畏难、厌学心理，负性情绪潜藏于孩子的内心，随着孩子的成长，当他再次遇到挫折时，潜藏的负性情绪被现实所激活，不仅注意力不能提升，而且还会出现其他心理问题。所以，在培养孩子注意力之时，父母有必要对孩子的注意力发展特点有一个较为全面的认识，然后因孩子之材而施教。

一、儿童注意力的特点

1. 循序渐进的自控力

目前孩子大脑的发育尚不完善，神经系统兴奋和抑制过程的发展也处于非平衡状态，因此孩子就表现出自控能力较差的行为，注意力分散就是其中一项。这是正常的情况，只要家长科学认知、教养得法，随着孩子年龄的增长，绝大多数的孩子都能做到在重要、有意义的事情上集中注意力。

即使没有家长的特意栽培，孩子的注意力也会随着年龄的增长、活动范围的扩大、内容的增多以及动作语言功能的不断成熟而逐步提升，孩子年龄越大越会懂得将注意力放在重要的事情上，日渐增加主动注意的时间，能较好地控制自己的注意力。具体说来：5～6岁的孩子能集中注意力约15分钟，7～10岁的孩子能集中注意力约20分钟，10～12岁的孩子能集中注意力约25

分钟，12岁以上的孩子能集中注意力约30～40分钟。青春期初期，集中注意力的能力已基本上接近成人水平。因此，判断孩子是否算是注意力集中，应依据他这个年龄的集中注意力时间长度，而不能单单依据家长的主观感觉和经验。

2.主动注意稳定性差

孩子这个时期以被动注意为主，主动注意的稳定性很差，经常受到外界信息的刺激强度的影响而分散和转移。孩子很难长时间地坚持注意一件事物，其间不是穿插一些小动作，就是东张西望，甚至自言自语。主动注意和被动注意在一定条件下是可以相互转换的，而孩子的转换速度和频率要比大人快很多、高很多。比如，当孩子在教室上课时听到操场上学生的嬉闹声，或其他干扰的声音，注意力也就同时被吸引过去了，原先投之在老师那里的主动注意马上被转化为去听外面的干扰声音的被动注意了。

3.可塑性强，容易引导

孩子的注意力没有好坏之分，只有持续时间长短之分，因为孩子具有较强的可塑性，所以后天的训练能帮助他增加注意力的持久度。如果家长能用适当的教学和引导方法将孩子的注意力集中起来，变被动注意为主动注意，那么就能提升注意力。

二、知己知彼，对症下药

虽说是要注重训练孩子的注意力，但父母也不能听到风就是雨。孩子一时上课走神，马上就要被"悬崖勒马"，事实上，只要孩子不是经常性地注意力分散，无须对孩子的行为过度紧张，以免矫枉过正。尤其是孩子刚上小学的那段时期，因为幼儿园的教学相对轻松活泼，学习管理也很宽松，而上小学以后，孩子进入了正规的学习生活，有些难以适应这个转变，就出现上课东张西望、无法集中注意力听课的现象了。如果孩子是长期地、严重地、不能自控地注意力不集中，而且一并出现了学习困难，则有可能是患上了注意缺损综合征，它是少年儿童期常见的心理障碍。小学生中估计有5%～10%会有此障碍。男孩较多，多在5至8岁开始出现严重的注意力分散表现，家长必须对此加以重视，针对不同的诱因，采取不同的训练方法。

1.分析一下孩子的注意力问题

孩子在注意力分散时经常呈现出以下几种心理状态：

（1）无目的：不明确自己所做事情的重要性，不知道这件事的意义所在，不能准确地说出自己所希望的是什么，没有把这件事做得更好的欲望，这就是无目的。比如孩子做事的时候，不能把"集中注意力"和"尽快完成，不出错误"看成行动和结果的关系，也就不会通过"集中注意力"去追求"尽快完成，不出错误"的目标了。

（2）找借口：孩子常会用许多借口与理由来掩饰自己拖沓的行为、分散的心神，而且喜欢将自己的错误归咎于别人，并甘于身在不利环境中继续做事。比如孩子写作业时，东张西望，被家长批评之后，找借口说："是你们看电视，影响我学习了。"但却并不说："你们把电视关上吧，这样我才能专心学习。"

（3）没兴趣：对于正在做的事情不感兴趣。这一点很容易理解。孩子被送去上自己根本不喜欢的特长班时的听课状态就是最好的例子。

2.培养注意力的原则

在了解了孩子注意力的特点后，就知道他最需要的培养注意力的原则是什么了，那就是劳逸结合、形象教育。这两点都是建立在儿童生理发育和认知广度深度的基础上的。

（1）劳逸结合。由于孩子的主动注意持续时间有限，所以家长要充分注意并遵循这个客观规律，在对孩子进行知识教育时不能长时间地灌输，要注意动静交替，劳逸结合。与其让孩子注意力分散地边玩边学，时不时就要提醒他几句，孩子过于疲劳，产生厌学心理，起不到任何教育效果，倒不如针对孩子的身心发展特点，让他尽兴地玩个够，玩得没有"兴致"之时，再集中注意力去学习，也就是"该玩的时候玩，该学的时候学"。

（2）形象教育。孩子的世界是由视觉和听觉支配注意力的，比起枯燥的长篇大论，他更容易接受那些形象、直观的事物。家长可以选择图案鲜艳、制作精美的故事书，或者播放内容健康、人物活泼、生动形象、视觉效果好的动画片进行直观教育，引起孩子的注意，激发学习兴趣，引导孩子专心学习。

3

注意力不是与生俱来的，要靠后天培养

情景再现

小杰的妈妈又唠叨了。

"你看看你，天生就是这么一个散漫的孩子，让你写作业的时候，半天磨磨蹭蹭不动笔，让你吃饭的时候，也是三心二意，总盯着电视看，和你说话的时候，你也心不在焉的，好像人根本不在这里……"妈妈滔滔不绝地抱怨道。

"既然我天生就这样，你怎么说也没用呀，何必唠叨我呢？"小杰的言外之意是"快别说了，吵死了，不管你怎么说，我原来什么样还是什么样"。

"我确实是白费口舌，唉，摊上你这么个孩子。"妈妈一脸无奈的样子。

"我也觉得小杰好像做什么事情都提不起精神，是不是睡眠不足啊？"爸爸插话说。

"他还睡眠不足？我才是睡眠不足的那个，家里每天数我最辛苦，我还得刷碗去。"妈妈说完，走向厨房。

"我也很辛苦。"小杰嘟囔着。

"你都不好好学习，哪里辛苦了？妈妈什么地方说错你了？我们真是拿你没办法了。"爸爸说道。

孩子的心里话

爸爸妈妈总是说我做事三心二意、大大咧咧地，干什么事情都提不起来精神，天生就是个散漫的人。而且我渐渐发现，好像父母忙的时候多了，管我的时候少了，甚至都有懒得管的感觉，好像我成了他们的一块心病，成了他们的一个负担一样。

家长该怎么办

注意力不是与生俱来的，小杰也绝不是妈妈口中那个"天生"散漫的孩子，即便是天才也得靠后天99%的汗水，想要让孩子变成能够一心一意做事的人，更是需要家长的主动培养。这就需要家长根据自己孩子的个性特点，采取有针对性的方法，有计划、循序渐进地训练和培养孩子的注意力。

一、放宽心态，别火上浇油

家长要将孩子注意力尚不完善看成是正常的，以平常心面对孩子出现的种种注意力不集中的问题。不能动不动因为一时的教育没有效果、就说"我拿你没办法了"，那样会给孩子带来"反正你们也管不了我，我就想做什么就做什么吧"的想法。只要家长不气馁，孩子就不会泄气；只要家长不放弃，孩子就不会放任自己；只要家长放宽心态、平静处理，孩子就能正视自己的不足，主动配合家长的注意力训练。

二、与时俱进，学习教养新知识

教养孩子是一门学问，培养孩子的能力也是需要慎重处理的事情。家长不能仅仅凭自己的经验去想当然地说、理所当然地做。道理很简单——时代不一样了。换句话说，家长不能拿过去生活时代的所谓"经验"去指导现在的孩子的成长。孩子不是试验品，孩子的成长不会重来，错误的培养反而会影响孩子的一生。所以，父母也需要学习教养孩子的新知识，掌握影响注意力的因素，强化注意力的方法，并且为孩子创造适宜集中注意力的生活、学习环境。

在培养孩子注意力的时候，家长不妨尽可能地"顺势而为"、"迎合"孩子，这样往往能得到意想不到的效果。在日常生活中，家长要多发现孩子的闪光点，多表扬孩子的优点与个性，让孩子有成就感。即使孩子做得不够好的地方也切忌讥讽、一棍打死，要多鼓励孩子；在学习辅导上，家长要学会将知识与生活联系，让辅导变得趣味无穷、引人入胜，让孩子在学习中感受快乐，习惯于主动去学习。

4

走出误区：注意力与智商无关

情景
再现

"满意，去把今天报纸拿过来。"吃完饭后，出差回来的爸爸对儿子说。

妈妈给爸爸端来了洗脚水，爸爸享受老婆的照顾，心里十分开心。但泡了10分钟，爸爸发现满意依然在那里独自玩着自己的玩具，似乎完全没有听到爸爸刚才的指令。

爸爸把脚擦干净，气冲冲地走到满意面前，用脚轻轻踢开玩具，口里还念念有词："你这孩子怎么了，是耳朵不好使还是脑子笨，没听见我刚才让你做的事情吗？"说着，自己气愤地拿起一份晚报，回到沙发看起来。

“我才不笨呢，你离我太远，没听见而已，用得着生气吗？”满意也有些微词。

“笨还不能说了？有本事就让自己聪明起来，谁还会说你。”爸爸说道。

满意噘了噘嘴，不想再谈论这个话题了。

爸爸有些坚定地认为：我们家孩子就是笨。因为他给满意辅导作业的时候就发现了这一点。作业中错别字频现，数学题一道接一道地错，问他什么都不知道。老师教的东西，好像他压根儿就没有听说过一样。想起来就觉得有点不可思议，恐怕真的是智商有问题了。

妈妈则认为满意只是上课的时候注意力不够集中，所以才没有把老师讲的知识都消化吸收，以致写作业时错漏百出。刚才没听见爸爸让他去拿报纸的事情，也是因为满意正在全神贯注地玩玩具吧。爸爸总是把满意的错误和智商联系起来，似乎有点牵强了。

孩子的心里话

我才不笨呢！爸爸就是瞧不起人。只要我把事情搞砸了，在他眼里，那一定是因为我笨，就算我做得对了，他也难得夸奖我几句。“笨孩子的小聪明”这样的话，算是夸奖人吗？

家长该怎么办

注意力的集中算是情商的范畴内，和智商是有区别的，爸爸的想法显然太过主观。很多家长都会发现：孩子在许多事情上，总是难以专注，学习成绩上不去，而且在校园里还会有各种干扰其他人学习的举动，但他明明没有太大的智力问题，对新知识都理解得很快，甚至在某些方面表现出了过人的天分，总是让父母惊喜连连。

一、了解孩子"笨"的真正原因

否定了家长说孩子"笨"的理由，那么，故事中的孩子为什么会对爸爸的指令没有反应呢？原因就像是妈妈说的：因为他正在全神贯注地玩玩具。当一个人集中精神做一件事的时候，周围的一切声音都会像被隔绝在耳朵之外一样。

孩子在课堂上无法集中注意力的不良表现也常常不是智商的问题，多数情况是因为孩子天生好动，没有良好的自我掌控能力，不会理性地经营自己，所以不会从主观认定学生要以学习为主，要上课认真听讲，要这么做要那么干，也不会主动、积极地珍惜时间。

家长要学会理性分析孩子的注意力不集中的问题，抛开智力因素，去找寻真正的原因。

二、孩子注意力不集中有碍智力开发

虽说孩子的智商不是影响注意力的主要因素，但注意力确实会影响智商的发展和提高。长期的注意力不集中，会影响孩子对新知识新事物的吸收学习，他不能或很少能从学习过程中得到足够的智商锻炼，自然在应对难题和困境时会比那些注意力较好、吸收知识较牢固的孩子表现出信心有余而智力不足的一面。注意力不集中也就成了孩子在后天的成长中勤能补拙地去提高智商的绊脚石。所以，家长必须将提高孩子注意力这件事提到日程上来，为孩子的学习和生活打好基础。

5

小小注意力，大大影响力

情景
再现

小磊是小学五年级的学生，平时能说会道，显得很聪明，可是一上课时就像换了个人，小动作特多，有时还会影响其他同学。不禁让"聪明"的小磊成了老师的一块心病。

"小磊啊，你上课时为什么坐不住呢？为什么不能专心听课呢？"老师问道。

"我虽然坐不住，可是老师讲的东西我都听到了，也学会了呀，非得一动不动地盯着老师吗？"小磊有自己的看法。

"你虽然没有因为注意力不集中而影响学习，但是却影响其他同学学习了呀。"老师说道。

"没有那么严重吧。"小磊淡然地说。

"你现在可能还看不到听课的时候三心二意有什么不好的后果，等时间长了，你就会知道老师为什么需要你专心听课了。"老师没有多说，她希望小磊能自己看到事实。

事实证明老师所言非虚。期中考试时，小磊的成绩不是很理想，他想起了开学时老师和自己的谈话，于是找到老师，问道："老师，为什么明明这些题目我都会做，可是考试的时候就做错了呢？"

"你觉得呢？"老师反问。

"马虎？"小磊试探地问。

"为什么会马虎，你想过没有？"老师继续问。

小磊摇了摇头。

"因为你的注意力不够集中，考试的时候，心思不全在试题上，眼睛、大脑、手没有合作，眼睛看的是这个，心里想的是那个，最后写出来的又是另一个，所以才会把那些早就学会的知识给'忘记'了。"老师娓娓道来。

"原来是这样！"小磊这才恍然大悟。

孩子的心里话

老师当初说我上课不专心听讲会影响其他同学的学习，我还不以为然呢，原来真的会这样，而且最受影响的居然是我自己！平常已经习惯了这么三心二意地对待学习，现在连考试的时候就没办法集中注意力了，唉。

家长该怎么办

现实中有很多孩子，甚至一些家长都对孩子注意力的问题引不起重视，就像小磊一样，对别人提醒自己注意力分散可能带来的后果回应以"没有那么严重吧"。或许一次两次的心不在焉并不会让事情以失败告终，或许一天两天的心神不定并不会让所有事情都不顺利，或许偶尔的三心二意并不会耽误正经事，但是积少成多之后，注意力分散成了习惯，就会对孩子的学习和生活产生根深蒂固的影响。

一、注意力对孩子学习的影响

最典型的影响就是孩子的上课状态和完成作业的质量。

注意力不集中的孩子，上课时容易分心散漫，小动作多，如玩铅笔、玩橡皮、抠这抠那、玩课本、撕书等。因为根本没有注意听老师所讲的知识，偶尔把心思拉回来，也只是做到一知半解而已，所以经常对老师的问题难以作答或答非所问。日积月累，孩子无法跟上学习进度，影响孩子对功课、知识的掌握，成绩逐渐下滑。

注意力不集中的孩子，花费在写作业上的时间明显比一般孩子要长，写作业的过程是拖沓、散漫的，频频走神、发呆、被无关事情吸引，导致学习费时、效率低下，遇到作业量增加的情况，孩子就会觉得时间非常紧，陷入被动之中，常常落在其他同学的后面。

二、注意力对孩子情商的影响

孩子的注意力缺失反映了他在自我抑制能力方面的不足。他的抗诱惑和干扰的能力差，语言和行为有冲动性，常常做事缺乏考虑，容易错误理解、轻视或疏忽别人的言语和感受，轻易打断别人谈话，不假思索地响应；还容易与他人产生冲突或打架，出现暴力倾向，致使人缘不佳；经常会被众多新鲜的刺激所吸引，无法遵守规范和指令，难以适应集体生活……长此以往，原本是小小的注意力问题却发展到影响了孩子的情绪健康和人格健康，甚至产生严重的心理问题。

三、注意力对孩子思维的影响

注意力不集中会影响孩子的思维发展。学校的学习不仅是知识的灌输，更重要的是通过对这些知识的掌握，让孩子的思维能力得以训练和发展，懂得学习的方法，帮助孩子在未来的生活中善用大脑。孩子不能很好地集中注意力学习，必然会阻碍孩子思维能力的发展，而思维能力发展的延缓和落后反过来又会影响孩子学习其他知识和技能时的适应性和接受度，很容易让原本聪明的孩子变得越来越头脑简单、反应迟钝、应对失策。

第二章
缘由：孩子为何注意力不集中

　　注意力难以集中，主要表现为无法将心思指向某一具体事物，或者无法全力以赴地完成这件事，而且无法抑制对无关事物的注意。造成这种情况的原因比较复杂，而对于孩子来说，这主要是由于环境、情绪、兴趣、体质、压力等方面造成的。下面这一章将为家长一一具体阐述孩子缺乏注意力的前因后果。

6

环境嘈杂，树欲静而风不止

情景
再现

雨希正在卧室里写着作业，妈妈和她的几个朋友在客厅里说笑聊天。

"好久没见你了，你好像变瘦了。"妈妈的朋友说道。

"才没有变瘦呢，不变胖就不错了，去年的裙子今年勉强能穿上。"妈妈说道。

"再怎么说，你这个全职太太也比我们这些上班族要过得舒服呀，不用上班，不用家里单位两头操心。"朋友接着说。

"我算是哪门子的全职太太啊，我充其量就是一个家庭妇女。"妈妈笑着说。

"全职太太和家庭妇女不是一个意思吗？"朋友不解地问道。

妈妈和阿姨的谈话，雨希在卧室里听得一清二楚。她也是一直觉得全职太太等于家庭妇女的，见妈妈有不同的看法，自然非常感兴趣，不禁停下笔，侧耳倾听起来。

"有钱人才是全职太太，人家每天就是做做美容、遛遛狗、逛逛街，照顾孩子有保姆，辅导孩子有家教，什么都不用自己操心；没钱没工作的才是家庭妇女，相夫教子，干不完的家务活，比同龄人老10岁，说的不就是我吗？"妈妈感慨道。

"原来如此，那我以后要做全职太太。"雨希听到这里，不禁把心里话说了出来。

"你不好好学习,听我们聊天做什么?"妈妈抓住了注意力没有集中在写作业上的雨希。

"你们一直聊天,说说笑笑的,我想好好学习都静不下心来啊,我就是捂上耳朵也能听到你们的声音呀。"雨希说道。

"难道因为你要写作业,其他人就不能说话了吗?自己的学习态度问题,别怪到我头上哦。"妈妈并不觉得是自己影响了雨希的注意力。

孩子的心里话

真的是因为我的学习态度吗?我不这么认为,妈妈"影响"我学习也不是一次两次了。今天只是聊天,平常她和朋友在家里打麻将,经常玩到深夜,别说让我专心做作业了,有时候连睡觉都成问题。

家长该怎么办

故事中提到的情况确实存在,甚至为数不少。家长大多能理性地认识到孩子的这些行为属于注意力的问题,但很少有家长能看到自己在整个事情中扮演的角色。

孩子的注意力与环境有着密切的关系。有些家庭住房条件差,全家老小居住在狭小的空间内,大人和孩子各做各的事。试想一下,身处这样的环境中,即使孩子一门心思想要好好学习、想要专注,他又怎么可能完完全全地集中注意力呢?

孩子往往在那些声音嘈杂、人来人往的地方会出现分心走神的情况。这是因为长期把孩子放在噪声环境下会影响孩子的听力状态,继而影响孩子的专注力。过度的噪声会让孩子心神不宁、睡眠不足,无法将注意力集中在该专注的事物上,甚至影响到孩子的情绪发展,容易出现激动、缺乏耐受性,对于大脑功能的正常运作也有负面影响。所以,环境中的噪声对孩子的影响不仅仅关乎孩子的学习，还关系到孩子的健康。家长必须加强认识，为孩子创造一个有利于集中注意力的环境。

一、父母习惯好，孩子注意力高

奉劝那些喜欢在家里呼朋唤友高声聊天和搓麻将的家长，尽量不要在孩子面前做这些会干扰其注意力的事情。如果一定需要放松身心、娱乐休闲，家长可把地点选在饭店、公园、棋牌室等公共场所，免得影响到孩子的学习。

另一方面，家长要注意培养自己良好的兴趣爱好，选择一些修养心性、安静恬淡的休闲方式。这样不仅能保证自己不会影响孩子，而且还会让孩子在这种人文气息较浓的氛围中，逐渐养成和家长一样爱读书、爱看报、爱画画、爱学习的习惯，能够耳濡目染到家长专心致志做事的态度和方法，无疑是用以身作则的方法培养着孩子的注意力。

二、有独占空间，孩子注意力高

这里建议，无论是租房还是自住房，家长要给孩子创造一个明亮、通风良好、布置简洁、有学习气氛、隔音效果好的环境。房间里最好只摆设孩子用的床铺、衣柜、书桌、书架、椅子、电脑等必要家具用品，不要放置其他与孩子的生活无直接关系的物品，墙面上只张贴有利于孩子学习与成长的书画、饰物。

当然，也有一些家庭的确住房紧张，没条件给孩子一个单独的房间，至少也要给孩子一个学习的角落，不要让孩子在小桌椅或父母的书桌前凑合了事。在这个孩子的独占空间中放置一张大小够用的书桌、一把高矮适中的椅子，桌上有护眼灯、小闹钟、小书架和一些学习用具。这是他自己的地盘，他对这个地盘有归属感及占有感，做功课时便会更加专心。

7

负面情绪，似洪水决堤堵塞心门

能能的姥姥前不久去世了。虽然妈妈早就告诉过他，姥姥的病是治不好的，他可能会失去姥姥，想让他最终能理智地接受这件事。可能能毕竟是个孩子，在听到姥姥去世的消息后，还是号啕大哭了一晚上，任谁也劝不住，哭累了，睡着了，醒来后，接着哭，嘶哑的声音、红肿的双眼，让爸爸妈妈看得心疼。

时间距离姥姥去世已经过了两个月，能能也很少在听到别人提及姥姥的时候再次号啕大哭，爸爸妈妈以为孩子已经想明白了、看开了。而实际上，能能只是表面上变得安静了，但他心中的悲伤并没有随着时间的迁移而消减，反而越发地浓烈起来，甚至像是一层茧，把这个幼小的孩子困在了里面，让他无心学习、无心吃饭，整个人都浑浑噩噩的。

上学的路上，能能看到晨起锻炼的老人，便情不自禁地想要从中找寻姥姥的身影，希望发现一个鲜活的面容来证明姥姥并没有离开自己。但结果总是那么现实而残酷，这让能能的眼泪在心里悄悄地流。

坐在教室里，能能仿佛有些耳背一样，对老师所讲的内容听也听不仔细，反而似乎听到了姥姥的声音。姥姥心疼地对他说："多吃点肉，看你瘦的。"姥姥开心地对他说："又拿回一个奖状啊，能能真厉害。"姥姥慈祥地对他说："你和你妈妈小时候还真是一个脾气。"姥姥安慰地说："没关系，玩具坏了就坏了，姥姥再给你买一个。"孩子的悲伤依旧在心底凝集。

吃饭的时候，能能对面那个原本属于姥姥的位置，现在已经成了空位。一瞬间，能能仿佛看到姥姥坐在那里，正要给自己夹菜，又一瞬间，能能的眼前只有空空的座椅，能能的耳边只有妈妈提醒他专心吃饭的声音。

孩子的心里话

我再也见不到姥姥了！姥姥说要看着我长大，等我比她长得还高的时候，她要送我一个礼物，可是没有等到我长得比她高，她就离开我了。没有了姥姥的生活好像再也不是从前的生活了，老师讲的知识我听不进去，妈妈做的饭菜我吃不下去，爸爸和我说话我也不知道该怎么回答。妈妈说我变了，我确实是变了。

家长该怎么办

一、孩子的种种负面情绪

家长要对孩子可能产生的情绪问题有个大致的了解，就不会把负面情绪看得过于神秘、过于不可思议了。这是正确分析、认识、解决不良情绪的前提。孩子的负面情绪概括起来主要有以下几种：

1. 焦躁

在事情还没有发生的时候就产生了不好的预感，总有一种如履薄冰的焦躁感，对于外界的刺激反应也十分敏感。孩子在焦躁时，好比一点就着的火药，白天坐卧不安，夜里难以安眠。他的人际关系也很紧张，学习的时候也难以静心，频频出错，考试成绩下降。

2. 郁闷

轻一点的郁闷是抑郁心境，需要别人的开导，最极端的郁闷就是抑郁症，需要药物治疗。孩子在郁闷时，对什么事情都兴奋不起来，仿佛头顶永远飘浮着一片乌云，如影随形。所以在他的眼中，世界是灰色的，现实是无力的，觉得自己一事无成，没有存在的价值。

3.生气

生气之始，孩子的感觉是有点委屈、有点不快，而后发展成有点不满、有点怨恨，或是在言语上表现出指责、批评、辱骂，或是表现出一言不发地生闷气，或是在行动上表现出肢体冲突。这种负面情绪犹如火星儿一般，刚开始只是觉得不舒服，然后越想越不对劲，愈演愈烈，最后形成燎原之势，爆发了出来。

4.恐惧

恐惧本身具有一定的积极意义，可以让孩子远离那些危险的事物。但如果不加分辨，很容易让有理由的恐惧变成无理由的恐惧，徒然地给自己增添一些精神负担。孩子在恐惧时，时时觉得自己处在不安全的环境中，似乎随时会发生那些自己极力逃避的事。

5.悲伤

悲伤常常是因为自己失去了什么而引起的，物质上的失去如丢钱、丢东西，精神上的失去如失去亲人、朋友。过于悲伤会伤害身体健康，给人的精神状态造成沉重的打击。

二、心理辅导，父母教养的"必修课"

面对孩子注意力不集中的现象，如果是因为孩子心里有事、积聚了太多的不良情绪，那么家长的心理辅导就必不可少了。对负面情绪的处理往往有两个传统方法：一是压抑，二是发泄。单纯的压抑会伤害自己，单纯的发泄又容易伤害他人，只有根据实际情况，把两种方法结合着运用才最有效果，最能为孩子集中注意力清除心理障碍。

1.细心观察

孩子的心灵比较单纯，不会像成人一样掩饰自己，他们的喜怒哀乐都写在脸上，是极容易观察到的；而且有的孩子性格内向，把一些不快埋藏在心里，不想让别人知道，当他忍受着负面情绪时，除非家长主动询问，否则他是不会主动把事情的前因后果和盘托出的。这时候就需要善解人意的家长细心观察孩子的一举一动，从孩子的一声不响中发现其中可能隐藏的惊涛骇浪。当孩子出现言行异常时，家长要主动与孩子沟通，同时要注意观察孩子的反应，尊重孩子的态度。

2.深入理解

家长所表现的态度要比家长所用的言辞更为重要，只有全心全意地去与孩子沟通，孩子才会打开话匣子、打开心门，接纳家长的意见和建议。想要真正理解孩子的心情，家长不妨先去以诚恳、开放、接纳、热情和非批判性的态度去倾听孩子内心的想法和感受，这是与孩子分享其内心世界的绝好机会。

3.同立场引导

当孩子把事情的前因后果讲明之后，家长先要肯定孩子勇于沟通的行为，然后根据事实采用相同立场的态度对孩子进行引导。比如，孩子真的受到了委屈，家长应对他的遭遇表示同情，肯定他是好孩子的形象，并教导他日后出现类似的问题，可以耐心跟他人解释，别人一定不会错怪他。

4.提供发泄的渠道

除了理解并接纳孩子的感受之外，家长要教给孩子如何表达自己的情绪。一旦孩子的负面情绪无法得到适当地表达时，他就会转而以其他行为来发泄这些情绪。比如，当孩子的愤怒情绪得不到认同，甚至不允许表达、表达之后会被处罚之时，孩子压抑着愤怒的情绪，不堪重负，导致心理失衡，继而出现了头疼、腹痛、失眠的反应，最后会引发强迫性行为，用攻击性行为、破坏性行为来发泄情绪。

所以，无论孩子的年龄大小、控制力强弱，只要有了负面情绪，他需要的不仅是引导，还应给予他自然流露情绪的机会，让孩子用些时间来发发脾气。这种发泄可能是爆发性的瞬间排空，也可能是涓涓细流般的疏泄，等他的心情平静下来之后，家长再慢慢了解情况和教导他如何处理这些情绪。

8

缺乏兴趣，力有余而心不足

情景再现

瀚宇妈妈最近非常烦恼：这孩子是怎么了？说他笨也不是，说他聪明也不是。你说他笨吧，睡觉前讲过的故事能记得清清楚楚，将故事的开头、经过、结尾给你说得头头是道，与主人公相关的人物都能给你说个明明白白；说他聪明吧，从小学一年级开始，语文学习成绩却一直"稳定"地在倒数几名摇摆，3年过去了不见起色，还反感上语文课。上课的时候注意力十分不集中，反感任何方式的写字和作文。有时让他自己读一篇文章也总是在错误的位置断词断句，还经常读漏字、念别字，最后一篇文章读下来，刚放下书就不知道里面说的是什么内容了。真有点搞不懂，为什么会这样？字又不是不认识，为什么照着念还出错？眼睛也不近视，为什么看着书就能念错位置？

妈妈心中有无数个不解和疑问等着瀚宇来作答。

瀚宇的回答很简单："我对语文课不感兴趣。"

"这和你感不感兴趣有什么关系，语文是必修课，就算是你没兴趣、不想学，也是要学的。为什么就不能把你听故事的专心劲儿放在学习语文上呢？"妈妈问道。

"我只喜欢听故事，不喜欢读故事、也不喜欢写故事，而且语文课上的内容比故事难多了，还很枯燥，反正我就是不喜欢。"瀚宇有自己的看法。

孩子的心里话

语文课上有那么多的知识要学习，很多内容都是我不感兴趣的。我就看我喜欢的内容，记我喜欢的故事。故事里有些主人公的经历，还跟我自己的经历差不多呢，所以我总有兴趣了解他们的将来会怎么样，关心他们就有点关心自己的感觉。

家长该怎么办

兴趣是人们力求认识某种事物或爱好某种活动的倾向，是对某种事物发自内心的关注程度。它总是与一定的喜恶情感相联系，引导着人们的行为。即遇到感兴趣的事物，就会开心、兴致勃勃，主动接近、观察、研究、尝试；遇到不感兴趣的事物，就会加以排斥、嗤之以鼻，采取不听、不看、不问、不碰的远离态度。就像故事中所写的那样，一旦瀚宇觉得听故事是世界上最有趣的事情，那么读故事、写故事、学语文对他来说就是枯燥的事情了，他宁愿兴致满满地不睡觉也要听故事，也不愿意老老实实地坐在语文课堂上学知识。

兴趣是最好的老师，是孩子自主学习的不竭动力。它与学习效果之间有着密切的关系。只有在孩子对要学习的知识、要完成的任务产生兴趣时，他才会心甘情愿地、全身投入地、心无旁骛地参与其中，不被其他事情所影响、干扰、左右。想要引导激发出孩子的兴趣，就必须去了解导致孩子学习动力或者兴趣缺乏的真正原因，然后对症下药，帮助孩子恢复兴趣。

一、分析孩子对某件事缺乏兴趣的原因

孩子对某件事缺乏兴趣的原因主要有四点：无人指点、无人协助、无人认同、有人干涉。

1.无人指点

当孩子对一件事情产生了尝试性的想法、心中抱有疑问之时，如果遇到的是"我也不知道"、"你问别人去吧"这些回答，孩子很可能会因为心中的无助感和无力感而放弃尝试，觉得这是自己能力之外，甚至是家长能力之外的事情，再多努力也只是徒劳。

2.无人协助

当孩子尝试着从事自己喜欢的事情、遇到困难之时，如果身边没有人可以帮忙，甚至明明家长有能力帮忙、却不愿意帮忙，孩子就会觉得这件事无足轻重，同时产生畏难心理，最终放弃刚刚燃起的一丝好奇和希冀。

3.无人认同

当孩子觉得这是一件有乐趣、有价值的事情时，他会非常乐于告诉别人，以求获得称赞和认同；他会非常愿意与别人分享，这会让他找到存在感。可若是在孩子兴致勃勃地告诉家长他做了什么事时，家长的反应却是冷淡和反驳，那一定会打击孩子的士气，让他怀疑自己是否做出了错误的选择，为了迎合父母的喜好，孩子很可能会放弃对这件事的兴趣。

4.有人干涉

干涉行为有两种，过于热心和过于禁止。

为什么热心帮助也算是干涉了呢？如果孩子对某件事物产生兴趣之时，家长一并把孩子心中所有的疑问都给出了答案，把孩子遇到的所有阻碍都一一解决，就会令他养成依赖的习惯，无法体验自己寻找答案的乐趣，便扼杀了他的内在学习动力，最后使其失去了继续探索的兴趣。

过于禁止会毁灭孩子的兴趣是显而易见的。当孩子专心做某项活动时家长却一直催促他去学习，孩子会因此失去一次专心投入的机会，从而产生了遇阻则弃的惯性，使得他可能在此后的行为上缺乏投入感与专注力。

二、培养兴趣，对症下药

家长了解了原因的所在，就要积极地为孩子解决缺乏兴趣的问题。如果孩子在产生兴趣伊始，遇到的是来自家长和老师的耐心指点、适当提醒，他很可能会获得持续的好奇心，继续研究下去；如果家长能够耐心地聆听孩子的感受及想法，对他的目标和计划加以认同，就可以为孩子注入源源不绝的前进动力，让他在不知不觉中集中注意力、开心地去做这件事；别人的临危救难也可能会成为推孩子一把的力量，让他获得坚持到底的勇气，觉得自己并不是孤军奋战，这件事在别人的眼中也是有意义的，这就足够支撑孩子有始有终地完成它；家长不仅可以通过提高实际的帮助来维持孩子的兴趣，还可以按孩子的心智成熟程度，与他共同讨论应如何面对这种处境，并鼓励和激发他从不同角度思考解决方案，让孩子获得成就感，以此来将兴趣进行到底。关于兴趣和注意力的话题，下面的章节会更为具体地阐述指导。

9

体质不佳，孩子身不由己

情景再现

这天，豆丁拿着路上发的传单一脸期待地找到妈妈。

"妈妈，妈妈，你看这个绘画的兴趣班，月底前报名可以打八折呢！我好想去哦。"豆丁说道。

"你确定自己是真的想去学画画，不是一时的心血来潮？"妈妈问道。

"我是真的想学习画画，去年我就想学了，想了好久了，你就帮我报名吧。"豆丁非常诚恳地说。

"学习画画可没有你想的那么简单哦，你确定自己有毅力坚持下去吗？遇到困难你也能克服，不半途而废？"妈妈想再三确定一下，不想让学费白花。

"我确定，我肯定能好好学的。"豆丁打了包票。

妈妈这才打电话为豆丁报了名。可学费刚交了一个月不到，豆丁就不想去学了，一到要去上课的时间，他不是说自己肚子胀就是说肚子疼。

"为什么白天都好好的，玩起来活蹦乱跳，一到晚上要去上课了，你就这里疼那里疼的？是不是为了不去上课，想要食言，所以骗人？"妈妈质问道。

"我是真的肚子疼！"豆丁说。

"我看你就是装的，赶紧去上课！"妈妈不由分说地拉着豆丁就奔赴绘画班。

应了那句俗话"强扭的话不甜"，被强迫着学习画画的豆丁，上课时一点精神头也没有，按着肚子、弯着腰，眼睛盯着桌子，不看老师的示范，注意力难以集中。

等妈妈来接豆丁的时候，老师反映了这个问题，妈妈略有些生气，"你这孩子，为什么不专心听课？"

"我生病了，我难受。"豆丁说。

"你自己当初说的，遇到困难你也能克服，不半途而废，现在你真生病假生病都难以确定，就算是真生病，难道就不能克服一下吗？"妈妈说道。

"我是正生病了，你爱信不信。"豆丁生气地甩下妈妈就往家里走去。

孩子的心里话

我都冤枉死了，居然说我是装病。为什么生病了还要去上课、还让我克服一下？就算是怕浪费学费，但总不至于不顾我的身体好坏吧？

？ 家长该怎么办

　　孩子注意力不集中是由多重原因造成的，这其中就包括了体质不佳。这也是很多家长容易忽视的问题。体质即使身体的机能，也是身体的状态，机能可能是先天的，需要通过训练和运动来加以调节，状态则是受环境影响而时常改变的。睡眠不足、生病难受都会让孩子处于一种无法集中注意力的身体状态之中，有针对性地补充睡眠、规律作息、按时吃药、营养均衡之后，这种状态很快就会消失。

一、大脑功能不足，运动不协调

　　由于母亲怀孕时不敢活动，孩子出生时早产、难产或剖腹产，出生后爬行训练不足等原因，就会影响到孩子大脑前庭平衡功能的发展。孩子就会在需要专心、安静的时候，表现得肢体好动不安、目光游离不定，自觉性、自制力很差，平衡感和准确性也很差，手脚笨拙、手眼协调性差、动手能力差，给人的感觉是大脑对身体各部位指挥不灵，这也会造成注意力的不集中。

二、睡眠不足

　　睡眠是孩子健康的重要保证，一天的精力和体力的消耗如果不能在夜晚的睡眠中得以补充的话，第二天必然会无精打采、困顿不堪、注意力难以集中。家长要保证孩子充分睡眠，最好给孩子提供一个属于自己的杜绝噪声的房间；在孩子睡前，家长尽可能不要对孩子发脾气，因为心情焦虑烦躁时，会严重影响睡眠质量，家长要让孩子带着一个快乐的好心情入睡。

三、营养不良

　　如果孩子出现偏食挑食，不仅会影响到身体发育，还会间接波及孩子的注意力培养。营养不良、体力不足，自然难以支撑持久的注意力。所以，家长要合理安排好孩子的日常饮食，少吃各种油炸、熏烤、过甜的食品，多吃胡萝卜、鸡蛋、瘦肉、动物肝脏等富含维生素和蛋白质的食物，尽量多给孩子喝白开水，不要因为孩子爱喝就给他买那些碳酸饮料、含糖饮料。

四、生病

孩子的机体处于病态之时，想要集中注意力当然是力不从心、身不由己的。孩子的消化吸收功能尚未健全，家长记得不要让他吃得过饱，避免脾胃负担过重，消化功能紊乱，容易发生积食、腹痛，导致胃肠炎、消化不良等疾病。豆丁就是因为间歇性的腹胀腹痛导致的注意力无法集中，却被妈妈冤枉成了不去上课的装病。其实妈妈如果细心一点就会发现，豆丁每次肚子疼都是发生在晚饭后，那就极有可能是晚饭吃得太饱导致的消化不良，及时调理身体，豆丁自然会有饱满的精神继续上课了。

10

东想西想，压力挤走注意力

情景再现

谆谆的学习成绩在班级里属于不上不下的水平，似乎再努力也升不上去，就算是马马虎虎地学，也不会落后，看似没什么压力。可是妈妈却不满意于谆谆的现状，总是希望他能超越自己。

"你的作业写完了吗？是认真写的吗？有好好检查几遍吗？"妈妈连连追问。

"哎呀，都问了几遍了，我写得挺好的。"谆谆不耐烦地回答。

"最好是都写对了，我可不想再看到作业本上的红叉。"妈妈说道。

"你数学不好，平时多做点数学题，上课的时候认真听课，就快期中考试了，这回一定要比上次考试成绩好点啊，千万不能因为数学拉下来名次，知不知道？"妈妈对谆谆提出了期望。

"我明白，这些事不用你提醒。"满怀心事的谆谆脸上露出了不悦的表情。

"你看看，你这是什么态度？好像我给了你多大的压力一样，我要是不给你点压力，你能努力吗？"妈妈说道。

第二天上课时，谆谆总是一副心不在焉的状态，眼睛直勾勾地看着老师，可心里想的却都是与课堂教学内容无关的事情。想着想着，不由得眉头紧锁、小声地叹了口气。

孩子的心里话

怎么会有这么多需要我担心的事情啊？昨天作业里的造句我好像写得不够好，会不会被老师说？上节数学课上我没回答出老师的问题，这节数学课老师会不会再点名让我答题？体育老师说要准备轻便的运动鞋，妈妈会不会再给我买一双？妈妈让我期中考试成绩一定要超过上回，我能做到吗？如果失败了，妈妈会不会生气呀？如果她生气了，会不会打我？上课时，我总是极力克制住自己不要想那么多，要不会影响听课质量、会影响学习成绩，但我就是做不到呀，怎么办呢？

家长该怎么办

父母往往这么看待孩子：十来岁的孩子有什么压力？真的是这样吗？孩子再小，也有自己对于事物的看法，只要有看法，就一定会随之产生一些不着边际的想法，一些克制不住的胡思乱想。孩子的见识少、能力弱，一点点困难也许就能成为他好几天都过不去的坎儿，陷入烦恼的忧思之中，被一种无形的压力所迫，难以集中注意力做正事。那么对于孩子来说，哪些事情最容易让他产生压力呢？

一、作业多，压力大

写完了老师布置的作业外，还要写完家长额外布置的作业，当这么多

37

的作业摆在孩子面前的时候，这绝对可以成为让孩子情不自禁胡思乱想的理由：这么多作业、何时做得完呢？这几道难题应该怎么做？我要是做错了，老师会不会批评我？我要是写得慢，父母会不会生气？这时候家长再去不停地向孩子追问作业没做完的真相、甚至责备孩子，就可能导致孩子的负面情绪成倍增长，给孩子造成更大的心理压力，把注意力从原本对作业内容的担心转移到了对是否会被父母惩罚的担心，又如何能写好作业呢？

二、期望高，压力大

对孩子来说最令他头疼的还不是作业，而是父母和老师的期望。孩子还在上小学，父母就开始着手操心以后几十年的方方面面的事情，孩子失去了本身的自控权，成为父母的理想的"践行者"。有些家长还喜欢用攀比的方式来对孩子寄予厚望，今天说这个好，明天说那个好，让孩子追赶别人，都快把孩子弄疯了！孩子压力大、烦恼多，注意力就会越来越分散。

三、重分数，压力大

现代通信系统的发达，让学校和家庭的信息交换更加紧密了。学校这边有点风吹草动，家长第一时间就能知道。考试更是父母关注的焦点，隔三岔五地就会问孩子："最近学校考试了吗？怎么也没听你说起，不是每月都要单元测验吗？不是该期中考试了吗？"这让学习成绩本来就不好的孩子一听到"考试"二字就犯怵，老师说下周考试，孩子就会如坐针毡地烦恼上一个星期。总之，过去不尽如人意的成绩和家长所期望的未来成绩总是压得孩子喘不过气来，哪有心思做好眼前的事情呢？

四、帮孩子减轻压力

类似谆谆一样的孩子还真不少，他们每天一睁开眼睛就开始提心吊胆地迎接这一天。面对这种引起孩子注意力不集中的情况，其产生的根源往往在父母。所以调整也理应以父母为主体，以给孩子的精神松绑为基本出发点去解决问题。

首先，父母不要把自己没有实现的愿望交给孩子去实现。没有实现的愿望对家长而言是一种缺憾，强加给孩子的时候，则变成一种压力。孩子没有必要承受的压力。家长应该从实际出发，全面考虑到孩子的喜好和能力，尊重他的意愿，帮助实现他的理想。这样才能让孩子活得自由自在，能心无旁骛地对待真正需要他去做好的事情。

其次，父母应设身处地地理解孩子的心情，帮助孩子减压。当孩子感到有压力时，家长要站在孩子的立场，通过语言上的认同表示对孩子的理解，这就是心理学所说的反射情感。这会帮助孩子宣泄来自心中的压力，使他的情绪恢复到平稳的状态。一个人心神宁静之时，就是他能够聚精会神之时。

最后，带着孩子一起做一呼一吸缓解压力的呼吸练习。当孩子承受压力时，想让他冷静下来的最容易、最有效的方法之一就是深呼吸了。吸气的时候，用鼻子慢慢地深吸气，坚持三秒钟；呼气的时候，用嘴巴慢慢地、缓缓地把气呼出，同时大声地数数，直到感觉胸腔中的空气已经排出。

11

缤纷诱惑，注意力跟着耳目走

情景再现

"王子"是一个男孩的名字，在生活中，他的待遇也真是如同"王子"一般。他的父母都忙着工作、创业、挣钱，有时好长时间都不回家。难得回家，自然忘不掉对儿子所亏欠的关爱的"补偿"——那就是给王子买一大堆的玩具，遥控飞机、合金赛车模型、软弹枪、变形金刚、梦幻陀螺、乐高积木、学习机、轨道车……每次看到王子玩得不亦乐乎的时候，爸爸妈妈也觉得非常高兴。

可是时间长了，妈妈发现王子似乎对爸爸妈妈给他买了什么玩具比爸爸妈妈什么时候回来更加关心。父母没有回来时，他盼着父母哪天能回来，自然没有心思专心学习，父母回来之后，他又抱着玩具去玩个痛快，一整天的心思都在新玩具上，想的都是：该怎么玩？到哪儿去玩？和谁玩？根本不愿意去学习。

就算是妈妈强行拿走了玩具，逼着他去学习，王子也是魂不守舍，总是望向放着玩具的地方，看书看几眼、写字写几个、做题做几道之后便心猿意马起来，央求着妈妈："妈妈，给我一个玩具吧，我保证不会耽误学习的。"

"你拿什么保证？你手里拿着玩具，你用什么拿笔写字？学完习了再去玩。"妈妈严厉地说道。

"好不容易回来一次，还这么凶。"王子嘟囔着。

"就是因为好不容易回来一次，才要抓紧机会教育你，当初我就不该给你买这么多玩具，多买一个，你就多了一个分心的理由。"妈妈说道。

孩子的心里话

我很喜欢这些玩具，我更喜欢爸爸新买给我的电脑，上面有很多游戏可以玩。每天写作业的时候，我都会惦记着柜子里的玩具和电脑里的游戏，根本静不下心来，它们的诱惑力太大了。

家长该怎么办

从这个故事可以看出，孩子其实也很不容易，这么多色彩缤纷、功能强大的诱惑就搁在自己的眼皮底下，谁能不心动呢？

诱惑一：电视

有研究指出，如果3岁之前的孩子看电视时间过长，那么到了7岁时就容易出现无法专心的问题。电视属于丰富生动、节奏变化快的多媒体工具，当孩子习惯了强烈快速的声光刺激，也就难以对静态的学习产生兴趣，集中注意力的能力也发挥不出来。

想要孩子能够摆脱电视的诱惑，安心做事，家长就应该教会孩子合理掌握学习时间，写作业不拖拉，不要因为写不完作业而错过观看好节目的时间。家长也要错开自己看电视和孩子学习的时间，让孩子处于"眼不见，心不烦"的状态中，为孩子能集中注意力清除障碍。

诱惑二：玩具

美国儿童教育学者日前发表了一份研究报告，认为玩具过多容易影响孩子的智力发育。学者之一的克莱尔·勒纳说："给孩子们过多的玩具或不适当的玩具会损害他们的认知能力，因为他们会在如此多的玩具面前显得无所适从，无法集中精力玩一件玩具并从中学到知识。"国内相关的研究也印证了同样的道理。专家认为，孩子的玩具太多并不是一件好事，那会让孩子养成注意力不集中的坏习惯。"一下摸摸这个（玩具），一下玩玩那个（玩具），对孩子专注能力的培养有很大的影响。如果一个孩子只有一个玩具，那么他就会一直玩，玩久了他会研究这个玩具，会玩出很多花样。孩子研究玩具的过程就是培养创造力的过程，如果玩具过多，孩子还没来得及研究，新的玩具就又来了，那么势必会影响孩子创造力的发挥。"

诱惑三：零食

零食绝对是孩子童年里不可或缺的一部分。它不仅是孩子生理上的需要，而且能给孩子增添生活乐趣。对孩子来说，是难以抵挡的诱惑。边写作业边吃零食的孩子大有人在，甚至有的孩子写作业时不吃点零食就完全没有解题的思路、坐也坐不住。

家长无法做到坚决不给孩子买零食，但至少应该做到不随意给孩子买零食，只在孩子需要零食时再去购买。家长还可以通过合理安排一日三餐，让孩子从正餐里获得足够的能量和营养、获得满足口欲的色香味，以此断了孩子对零食的需求。这不仅能让孩子在吃饭的时候专心致志，也能让他学会分辨哪些事物是徒具诱惑的外表、实则无益于自己的。

诱惑四：新奇

孩子注意力不集中时，也可能是他被身边外来的新鲜事物所吸引的时候。比如，他会不自觉地抬头望向天上飞过的飞机；他也会情不自禁地让目光随着衣着鲜艳的路人的走过而漂移；上网查找学习资料时，他还会被页面上不断闪烁的新闻和广告的小窗口吸引……这些情况真是屡见不鲜。

家长可以试着把这些不是故意要诱惑孩子的事物隔绝在孩子的正事之外。比如，孩子卧室的窗户紧挨着闹市和大街，就可以在他学习的时候，拉上窗帘、打开灯，天上的飞机、衣着鲜艳的路人都不会出现在孩子的眼前，就少了一些分散注意力的事物。

12

近墨者黑，孩子有样学样

情景再现

文宇和景洪是一对好朋友，他们非常聊得来，文宇是个学习成绩中等的孩子，性格还算开朗，景洪的学习成绩稍微差些，性格简直是非常开朗，两个人凑在一起，经常能有说有笑一整天都不觉得无趣。

这学期排座位时，文宇和景洪成了同桌，两个人更是一天到晚地黏在一起了。

下课时，景洪说："来来来，我给你讲个笑话。"

文宇便被景洪的笑话逗得哈哈大笑，上课铃声响起之时，他还沉浸在刚才的乐趣之中。

老师正在上面讲着课，景洪拽了拽文宇的衣角，小声说："我又想到了一个更好的笑话。"

"说来听听。"文宇好奇地回应。

景洪低着头，假装在看书，躲避开老师的目光，悄声讲起了笑话。

文宇也听得入神，脸上不禁露出了傻笑的表情。

"文宇，不好好听课，傻笑什么呢？"老师说道。

文宇回过神来，赶紧解释："没什么，没什么，我听课呢。"

"那就拿出个听课的状态来，坐直了，低着头怎么听课。"老师说。

文宇在老师严厉的目光下"专心"听了一会儿课，可是他心心念念的都是景洪还没讲完的笑话，实际上根本没有认真听老师在说什么。

和景洪做同桌之后，文宇的听课质量明显下降了，成绩也不如从前，因为上课不专心听讲、和同桌说话的事情，没少挨老师的批评。

孩子的心里话

自从和景洪成为同桌以后，我似乎每天都过得很开心，可又不开心。开心的是，景洪很会讲笑话，每次都能把我逗乐；不开心的是，景洪喜欢在上课时讲笑话，我已经好几次都被老师抓到上课时说笑了，都是被他的笑话吸引的，挨了批评的滋味一点都不好。

家长该怎么办

文宇和景洪就是相互影响的两个孩子，景洪的影响力更大一些。他把自己注意力不集中的坏习惯传染给了文宇，让文宇变成了既开心又不开心的孩子，在朋友和老师之间难以取舍。那么，在孩子的身边，都有哪些人会对他的注意力习惯产生潜移默化或是瞬间有效的影响，让他有样学样呢？

一、家人

我们经常说"为人师表"，做老师就该有做老师的样子，事实上，很多父母也是这样看待老师的，但他们忘记了一点：家长是孩子的第一任老师，对孩子的影响力最大。科学家做过类似的实验，他们发现：家长的喜好会有意无意地影响到对孩子的教育，而每个孩子其实都是一台摄像机，他们会把父母的许多行为举止，比如思维方式、做事态度、待人行为等等都依样"复制"下来，用他们自己的身体演映出来。

这就意味着家长应该以身作则，坚决不能让自己成为孩子身边的"墨"，去让孩子有被染黑的可能性。家长必须规范自己的言行举止，首先自己就应该是一个有着较强的专注力的榜样，这样才能使孩子心服口服。

二、朋友

交朋友是孩子社会化的标志之一。交朋友的时候，孩子往往有一种趋同的倾向。这种趋同行为帮助孩子找到了社会关系中的归属感，所以他总是会以圈内人的价值观作为自己行为的参照。但难以避免的是，孩子的朋友圈中总会存在着那么几个"坏孩子"。为了避免孩子的"近墨者黑"，家长应该如何引导孩子去结交"好孩子"，实现"近朱者赤"呢？

家长要主动邀请小朋友到家里做客，千万不要以孩子们混在一起就是玩耍、于学习无益，以此来阻挠孩子和朋友的正常交际。在摆正这个心态之后，家长还要和孩子一道热情地招待小朋友，鼓励孩子把零食、玩具、图书拿出来和小朋友分享。看到孩子的朋友在某件事上呈现出专注的表现之时，家长应该不失时机地加以表扬，唤起孩子对于同伴的好习惯的关注和趋同，让他觉得"我也这么做的话，爸爸妈妈也会夸奖我"，"近朱者赤"地获得提高注意力的外力，从而为良性成长打好基础。反之，当家长发现孩子的朋友身上有不好的习惯之时，也要委婉地加以指明，一方面不能伤害他的自尊心，一方面要起到让自己的孩子引以为戒的效果。家长也应该规范自己的朋友圈，使孩子在细心的发现中感受、领悟家长的交友原则和识人技巧，掌握该跟什么样的人来往，该如何待人接物。

13

认为读书无用，孩子有自己的"追求"

"别摆弄你的汽车了！赶快准备东西去补习班。"妈妈看了一眼手表，催促道。

"还有20多分钟呢，我这个汽车马上就拼装好了。"小闯头也不抬地说。

"拼好了又能怎么样？等晚上你还不是一样又要拆了它，成天拆开又装上的，不知道有什么意义，能让你的学习成绩提高吗？"妈妈抱怨道。

"天天学习、学习、成绩、成绩的，学习真的那么有用吗？"小闯不服气地说。

"读书是为了增加见识，还有什么能比学习更重要？"妈妈说道。

"增加见识可以去看、去摸、去动手呀，我就不明白天天坐在教室里，一动不动地听课、写那些作业，真的就能让我变成更聪明的孩子吗？现在那些有成就的人都是天生聪明的人，傻子再去读书也不会变成聪明人。我就是个聪明人，不读书也一样能有出息。我的理想是当一个汽车设计师，语文数学课上能教会我这些知识吗？"小闯自信满满地说。

"就是因为你有这个想法，所以才上课时不专心听课不是？"妈妈还想继续说服儿子，可是时间已经不多了，"还有10分钟了，你再不出发就要迟到了！"

"我最讨厌数学了，你还送我去补习数学。"小闯说道。

"那是因为你上课时不专心、不听讲，没有学到知识，所以我只好送你去补学知识。"妈妈对于小闯的厌学行为已经深感无奈了。为了解决小闯的注意力问题，妈妈可谓想尽了办法，好言相劝、威逼利诱，似乎都没有什么效果。最后只好采用最简单的补救办法：哪个课程因为注意力不集中没有学会的，就去让他补习哪个课程。可惜小闯对妈妈的一片苦心并不领情，越发地把注意力投入到自己的"追求"上去。

孩子的心里话

我就是不喜欢上学嘛。天天读书、做题，累死我了，还想让我专心一点？我没有逃课已经不错了。现在学习的这些知识对我的未来有什么用呢？真是不理解为什么每个孩子都要去上学？

家长该怎么办

一、孩子认为读书无用，孩子厌学

一些孩子刚开始其实遵照父母的要求用功读书了，可是收到的效果却并不符合自己的努力，这种投入多、回报少的差异，让孩子错误地觉得"读书无用"，产生了小闯那样的想法："现在那些有成就的人都是天生聪明的人，傻子再去读书也不会变成聪明人。"继而得出了"现在学习的这些知识对我的未来没什么帮助"的结论。

二、孩子的"追求"

孩子不愿意在读书学习上花费心思，孩子"追求"的却是父母眼中那些无足轻重的事情。小闯就是一个例子，他喜欢汽车，喜欢拆拆装装的事情，他的追求是长大成为一个汽车设计师，所以他现在集中注意力做的事情都非常有用的，远比妈妈让他去学的数学有用。有的孩子喜欢绘画，长大要做漫画家；有的孩子喜欢篮球，长大要做篮球明星，有的孩子喜欢看小说，长大要做畅销书作家；有的孩子喜欢唱歌跳舞，长大要做歌星，各种各样的追求无不需要孩子专心用功地对待才能成为现实。而追求这些理想的过程中，难免会和孩子现今的生活——读书学习相冲突，顾此失彼之时就是孩子注意力缺失之时。

三、告诉孩子：读书有用

不可否认的是，读书确实有改变命运的力量。多读点书会帮助人们提高自身的素养，相应地，他的各方面能力都会有所提高；同样智力水平的人，也是"腹有诗书气自华"；两个从事相同工作的人，平常看不出能力上的差异，一旦工作难度提高，读过书的人就会脱颖而出。

孩子觉得读书无用，有时候是因为读书这件事所附带的考试压力，以及缺乏读书的目标意识。

家长频频拿考试成绩去要求孩子时，很可能会激发出孩子的厌学情绪，所以为了孩子能集中注意力在学习上。家长应该告诉孩子："不要太看重考试结果，成绩好坏有太多的随机因素，不能因为一时的失望，而否定整个读书过程的意义。读书是很有用的，你要在意的是读书的本质、而不是它的衍生物，你要做好的也是认真读书而已。只要付出了，即使这次考试中没有相应地证明自己的努力，在以后的日子里你也会因为自己曾经的专心而受益匪浅。"以此让孩子明辨是非，理解父母更重视的是他的学习过程、是否专心、是否努力，而不是只通过考试成绩去评价他，以此打消孩子面对学习时的担心和顾虑，使其可以安心专注于学习本身。

初入学的孩子，对于学习的意义和目标并不明确，他可能觉得获得老师和家长的表扬就是学习的目标，这个目标虽然简单、功利，但对孩子集中注意力来说，却是非常有效的，能够帮助孩子快速进入到学习的状态中，促使他去努力听讲、认真完成作业。等孩子大一些的时候，家长就应该告诉他："学习不是为了别人，而是为了自己。"让他明白在学习过程中集中注意力的意义在于潜移默化地提升自己的素养和能力，这才是学习的目标，而不是背负着别人的期望去"认真"听讲、做作业、考试、升学。等他再成熟一些时，孩子就会自主选定学习目标，这时候父母要正确引导、提高帮助、常抓不懈，最终才能让孩子养成注意力集中的好习惯、形成专注能力。

14

被动"提醒"，会使孩子失去主动性

情景再现

迪迪写作业的时候注意力不集中，妈妈看在眼里、记在心上。

"专心点！""别走神！""看书！""集中注意力！"……妈妈在迪迪学习之时始终陪伴在他的身边，经常提醒着时不时就神游天外的孩子。这样的陪读方式让迪迪养成了没有妈妈在身边，就无法专心写作业的习惯。

这几天，妈妈出差了。以前原本一两个小时就能完成的作业，迪迪现在能从晚饭后一直写到睡觉前。其间做了几道题，他就拿出玩具玩一会儿，写了几行字，他又拿出白纸来画画；一会儿喝水、一会儿吃零食，经常沉浸在其他无关事情中，完全忘记了要去继续写作业的事情。

孩子的心里话

没有妈妈提醒我要专心一点，我很容易就会去想其他事情，不知不觉就走神了。唉，妈妈出差这几天，我的作业写得一塌糊涂。妈妈，你快点回来吧。

? 家长该怎么办

一、家长的"热心"让孩子的注意力变得被动

家长总是在操心孩子的事情，迪迪妈妈就是一个对孩子的事情尽心又尽力的家长。每每看到孩子注意力分散的时候，便会立刻出现、及时提醒，仿佛是孩子的闹钟一般，在他每次精神"困倦"之时狠狠地惊醒一下。

这么做看似是对孩子无微不至地关怀，也似乎是提高孩子注意力一种最便捷的方法，但它偶尔被使用一下或许是非常有效的，若是长期用这个方法去培养孩子的注意力，其实收效恰恰相反。因为孩子没有养成自己主动去凝聚注意力的习惯，也就缺乏了这方面的能力，日后离开父母，在很多事情上孩子都会表现出难以集中注意力的行为。这个"难"并不是所要从事的这件事有多难，而是在孩子的内心中"想要自己提醒自己去关注这件事"成了一件有难度的事情。

二、自力更生加自信——我能管好自己

家长要让孩子过上"自力更生"的生活。让孩子自己从实践中感受到专心与不专心的态度和行为对最后结果的影响，给点"自食恶果"的小挫折也是可以的。孩子的"自主注意力"的训练要从吃饭、穿衣等日常生活做起，只要是在孩子力所能及的范围内，都应该交给孩子去做，并且相信孩子能够自始至终地做好，其间不用家长提醒也能集中注意力。

家长还要给孩子加油打气，让孩子对自己有信心，相信自己在没有家长的陪伴和帮助下也能做好事情。自信心对提升注意力、提高学习成绩有着极大的作用。孩子习惯于被提醒、被帮助多数是因为自信不足、自卑有余，迪迪就是如此。觉得自己没有写好作业的能力，作业写得一塌糊涂是因为妈妈不在身边提醒自己要专心。建议家长为了孩子克服自卑心理，为了使孩子树立自信心，要教孩子对着镜子，小声或者心中默念："我行，我能行！"通过自我的积极暗示，获得探索和前进的力量。相信自己有能力去专心，相信集中注意力并不是一件难事，集中注意力也就变得简单了。

第三章
反思：孩子注意力不集中，家长应做"检讨"

　　孩子注意力不集中，和父母的生活习惯、教育方式有关吗？当然有关！家长"承上"，孩子就会"启下"，父母永远是孩子的一面镜子和最重要的老师。孩子的言行、心态都和父母的作为、想法息息相关。面对注意力的问题，家长若是在教育孩子的时候持有错误的态度、采取了不当的措施，都会让孩子的注意力大打折扣。这一章就具体分析一下家长的哪些言行会阻碍孩子注意力的集中，家长在培养孩子注意力的时候真正要做的是什么。

15

少唠叨抱怨，多听孩子心声

　　平平妈妈是很多人眼中的"女强人"，管起孩子来，能说会道，一开口就能说很长时间，总觉得自己说得句句在理，句句点到了孩子的心坎上。

　　"说过你多少次了，为什么就不能专心一点？"妈妈又开始唠叨了。

　　平平低头不语，继续做题。

　　"你看这道题，多简单，昨天不是才做过的吗？今天怎么就忘记了，你怎么总是心不在焉的？"妈妈继续说道。

　　"我每天做那么多题，怎么会每一道都记得。"平平辩解道。

　　"你还顶嘴？学生不就是要记住这些吗？而且你看看，现在都几点了？还没写完作业！"妈妈指着墙上的时钟说道。

　　"我每天工作多辛苦，这么晚了还得辅导你写作业，要是没有我在一边提醒你要专心，你早就跑去看动画片了。怎么就不能体谅一下妈妈呢？"妈妈喋喋不休地说着。

　　"吵死了，你一直说话，让我怎么好好写作业？"平平早就听得不耐烦了。

　　"你要是能主动好好写作业，我还会唠叨你吗？"妈妈反问。

　　母子两人的心情都很糟糕，妈妈看着平平，心里想继续念叨他，又

怕真的影响孩子学习，左右为难；平平用后脑勺对着妈妈，一副不要来
烦我的姿态。

孩子的心里话

妈妈说如果不监督我，我就会跑去看动画片，还说我不体谅她的工作辛
苦，反正什么话都是让她说了，这些都是她自以为的事情。她有没有问过我
的想法？妈妈只会唠唠叨叨地说一大堆，根本听不进去我的话。我说一句，
她就认为我是顶嘴、狡辩、找借口。这样的妈妈，让我怎么和她交流？说让
我专心学习，却还来打扰我，这是帮助我，还是和我作对？

家长该怎么办

像平平妈妈这般唠叨着教育孩子的家长还真不少，这种教育方式真的有
效吗？还是如平平所想，是打扰、是作对？

一、唠叨抱怨的弊端

唠叨、抱怨不能解决半点儿问题，往往收效甚微，甚至适得其反。研
究显示，家长说话的长度常和做父母的年限成正比，而父母指令的威严却与
冗长的话语成反比，管教的效果常与唠叨的长度成反比。因为父母一味地灌
输，都不知道孩子的想法和计划，这就很容易干扰孩子，让孩子觉得自己不
被理解和支持，哪里有心思再去揣测家长的弦外之音，再从一大堆重复的言语
中找到主旨呢？而且唠叨和抱怨常常是引发各种矛盾的导火线，喜欢抱怨的
人，总是把问题归罪别人、责备别人。孩子时常会因为被迁怒、被冤枉而引发
不满和产生逆反情绪，于是对家长的要求反其道而行之。家长越是让自己集中
注意力，自己越要东想西想，亲子关系容易疏离。相反，家长那些简短清晰、
客观公正的指令，配合执行的行动，才能达到让孩子集中注意力的效果。

二、多听听孩子的心声

当家长用不停叨唠来让孩子听听自己的心声之时，经常忽略了去听听

孩子的心声，想获得孩子对自己的尊重之时，却常常做出了不尊重孩子的举动。对此，父母是应该深刻地反省了。为什么家长说了几遍，孩子却置若罔闻、不加执行？多数情况是因为家长的想法和孩子的想法根本不在一条线上，你说你的，我想我的，没有交集。亲子之间顺畅沟通的基础是平等和尊重。家长越是尊重孩子，孩子的自尊心就越会变强，越会注意修正自己的言行，以赢得别人更多更持久的尊重。只有如此，家长的话、孩子的心才能合并到一起来。

所以，如果家长发现一件事已经重复讲了两三遍，孩子却没有及时反应，就要把剩下没有出口的唠叨在脑袋里叫"停"，然后想想是否还有其他更好的方法来制止自己的这种唠叨、让孩子听话呢？家长要了解孩子的心理特点，增强内心接纳和包容的能力，在教育孩子的时候要就事论事，采取合适的态度理性地对待孩子，不要把一件小事泛化，扩展到其他事情上。家长要在对孩子发表意见和看法之前，先去听听孩子的心声，明白孩子话里的意思，然后再委婉地指出孩子的缺点，采取措施帮助孩子摆脱注意力不集中的影响，反而会比赤裸裸地训斥效果要好得多。

如果孩子的语言表达能力有限，家长可以通过提问的方式来引导孩子诉说心中的想法，讲明自己为什么会注意力分散。比如，家长可以在孩子的诉说中穿插"然后呢？"、"然后你怎么办呢？"、"如果……又会怎样呢？"类似的一些提问，帮助孩子更好地表达自己的情绪。

三、别给孩子"贴标签"

要提醒父母一点的是：日常生活中，要谨言慎行，千万别在喋喋不休中随意给孩子"贴标签"。家庭教育有时起着一面镜子的作用，当家长接连不断地为孩子贴上"不能集中注意力"的标签时，孩子也就得到了一个放任自己的借口：反正我没有集中注意力的能力，那我就顺其自然吧。一旦孩子为自己定了性，那么日后教育起来就会难上加难，所以千万不要让孩子有这样的自我认识，不然孩子就真的以为自己注意力不集中、无药可救、没有改正的必要了。

16

少阻挠禁止，多支持孩子探索

情景
再现

"不许养蜗牛！"爸爸厉声说道。

"为什么？"小光手捧着养了一个星期的蜗牛，不解地问。

"天天盯着那只蜗牛，连作业都忘记写了，这怎么行？赶紧把它扔了。"爸爸说道。

可是第二天，爸爸看到蜗牛依然待在小光书桌上的小盒子里，心里有些生气，于是拿出蜗牛，放在了窗台外面，关上了窗户。

等小光放学回来时，发现蜗牛不见了，就去问爸爸，得知蜗牛被扔在了窗台外面，他赶紧跑过去。可是这时候，就算是速度很慢的蜗牛也早已爬远了。小光也生气了，冲着爸爸发起脾气来。

"你赔我的蜗牛！"小光声泪俱下。

"我昨天就告诉你不许养蜗牛了，你自己不处理，我就替你处理。这都是为了你好，为了让你能专心学习。"爸爸语重心长地说。

"我不管，我要蜗牛！"任凭小光哭闹，爸爸也没有妥协，最后小光只好作罢。

回到卧室，擦干了眼泪的小光开始写作业，可是心里一直想的却是：蜗牛爬到什么地方去了？会不会掉下楼了？会不会被小鸟吃了？会不会被太阳晒死了？想着想着，今天的作业写了3个小时也没写完。

最后小光想到了一个主意：明着不让养，我就暗着来，家里不让养，我就拿到学校去养。他在上学的路上又抓了一只蜗牛，比以前的那只还要大，小光喜欢得不得了，上课的时候也爱不释手，让蜗牛从左手爬到右手，从手指爬到裤子上。玩得忘乎所以的小光，对于老师在上面讲了什么，一点都没听进去，他的注意力早就被这小小的蜗牛牢牢地抓住了。

孩子的心里话

为什么不让我养蜗牛？越是不让我做的事情，我越是要做，我已经长大了，不需要爸爸什么事情都管着我。小时候就是这样，不让我做这个，不让我做那个，说这个危险不能碰，又说那个会影响学习，弄得我天天都没办法做能让自己开心的事情，现在我也只能是偷偷地做。什么时候我才能真的长大，让爸爸再也管不了我呀？

家长该怎么办

望子成龙、盼女成凤是家长共同的心愿。一些家长为了让孩子成才，去集中注意力做那些有意义的事情，不惜粗暴地强制孩子放弃他们的某些爱好，去做他们根本不感兴趣的事情，结果却是像小光一样，不但生活得不快乐，而且学习效果得不到提高，甚至还会养成诸多坏习惯。这里并非是要家长去放任孩子，对孩子的事情不闻不问，而是应该客观地看待那些被孩子喜欢、被家长诟病的事情。

一、"不行"的家长与"不行"的孩子

一些家长喜欢在孩子面前扮演指挥者的角色，不仅倾向于完全控制所有事情，而且企图去扭转一切"不正确"和"没意义"的事情，对孩子高标准、严要求，甚至无视孩子自身的特点、毫不顾及孩子的自尊和感受，偏执地按照自己的标准对孩子横加干涉、处处管制。

家长以为自己是在保护孩子、指导孩子，但这种教育方式非但不能在父

母与孩子间建立起开放式、鼓励性及建设性的正向沟通，反而会扼杀孩子表达内心的勇气，剥夺孩子学习为自己出谋划策、学习为自己的行为负责的权利。孩子可能会因此变得毫无主见、唯唯诺诺，也可能变得阳奉阴违、两面三刀，甚至会给孩子带来一生不可治愈的心理创伤。

二、彻底沟通，多支持孩子探索

说到对孩子过于阻挠禁止，很多父母可能觉得有些冤屈，甚至觉得自己的孩子自己不管谁管。再说，孩子要是顾此失彼地错过了学习的大好时光，耽误了孩子，那才是不负责。持有这种想法的家长大多误解了自由的定义。给孩子自由，不是可以给他钱、想买什么就买什么，也不是让他想去哪儿玩就去哪儿玩、想做什么就做什么，真正的自由是让孩子获得探索世界的机会、自己选择从事有益于成长的事情，做主自己的人生。

父母是引导者，更是旁观者。这里有一个小故事：一位母亲看到小男孩蹲在一个地方，长时间一动不动。她感到很奇怪，于是来到小男孩身边，蹲下去仔细观看才恍然大悟，原来孩子在观赏蚂蚁搬家！这位母亲豁然明白了一个道理：有时只有"蹲下去"、并予以足够的耐心，才能洞悉孩子的内心世界。所以家长应该调整好心态，对孩子多些理解、宽容、耐心，相信孩子能做好这件似乎无关紧要的事，把握好正经事。而且孩子都喜欢重复做事，一旦碰到新奇有趣的事便经常沉醉其中，没完没了地重复做下去，这正是他展现注意力的时候。

17

少过度干涉，多给孩子空间

奇奇为周末的晚上制订了一份详尽的计划，时间被她安排得非常紧凑：放学后写作业，吃饭，去街角公园散步，看动画片，洗澡，睡觉。可计划总是没有变化快，在她正全力以赴地写作业的时候，妈妈推门而入。

"奇奇，饿不饿？晚饭已经做上了，不过还得等一会儿，你要是现在饿了，我给你拿一包饼干，要不要？"妈妈关心地问。

"我不饿，不要。"奇奇头也不抬。

没几分钟，妈妈又进来了。

"又有什么事啊？"奇奇头一歪，笔一停，不得不问清楚。

"我怕你觉得热，所以帮你打开窗户，通通风，现在外面太阳下山了，很凉爽的。"妈妈利落地开了窗，可没有立即离去，而是站在奇奇的身后，观察了一会儿，冷不防地问道："有没有不会做的题呀？需不需要我帮忙？我现在正好有时间辅导你。"

"不需要，我都会做，你随便做点别的去吧。"奇奇对妈妈一次次地打扰自己的关心行为并不领情。

"好，有事叫我啊。"妈妈环顾了一周，确定没有需要自己帮忙的事情后才转身离开。

奇奇看着刚才好不容易酝酿出思路的数学题，不禁叹了口气，思路一断，又得再审一遍题了。

等妈妈喊奇奇去吃饭时，奇奇的作业还没写完，计划中的第一件事就没有如期完成，这让奇奇有些烦躁。为了赶时间，她三下五除二地吃了晚饭，跑回房间，继续写作业。

偏偏不想来什么，就会来什么。妈妈又进来了，她端着一盘水果说道："来，夏天天气干燥，吃点西瓜败败火。"

盛情难却，奇奇只好吃了几块西瓜，刚擦干净嘴，妈妈又带着她的笑话出现了，"给你讲个笑话，大海都和沙滩说什么？它什么也不说，它只会打它。哈哈哈……"妈妈自顾自地笑着，完全没注意到奇奇根本没觉得这个笑话有多好笑。

等奇奇断断续续地写完作业之时，已经是晚上10点了，公园没去成，动画片也没看到，能做的事情就只剩下洗澡睡觉了。奇奇的心情很糟，妈妈又过来伤口上撒盐："怎么才写完作业啊？一定是你不够专心、注意力没有全部放在学习上，才这么磨磨蹭蹭的吧？"

孩子的心里话

妈妈还说我注意力不集中，她这个样子，让我怎么集中得起来？我好不容易构思了一个造句，正要下笔，妈妈又进来送水果，等我吃完西瓜，刚才的灵感早就没有了，这个句子又得重新想。我正想着这道题的解题步骤，她突然进来对我讲了一个笑话，而且还不好笑，听完之后，我完全忘记下一步应该怎么做了。我需要集中注意力写作业的时候不要总来打扰我好吗？

家长该怎么办

教养孩子，宽了好还是严了好？宽了容易放纵孩子，严格了容易导致孩子失去独立性。正确的方法应是孩子的教养要宽严有度。教养是把双刃剑，不管不行，管得过多也不行。客观地说，要宽严适度。说起来简单，做起来可不容易。

一、过度干涉之下孩子"充实的一天"

有些孩子的一天生活内容比成人还要辛苦：3点半放学，4点到家，5点开始上兴趣班，有时候还连上两节不同的课程。孩子没工夫玩，没有自己的私人空间。他们的父母对孩子的吃穿住行、学习、交往之事一概包办、干预，将孩子成长中的每一分钟都规划得滴水不漏，一味地要求孩子执行父母的意愿，美其名曰"充实的一天"。但这样做真的是对孩子好吗？实际上，这种过度干涉很容易导致孩子处处被动，时刻觉得自己像是傀儡和木偶一般，一件事接一件事地疲于应付，自然也就谈不上什么注意力了。

孩子的生活过得是否充实有意义，不在于家长为孩子谋划了多少件要做的事情，而在于孩子是否在做自己喜欢的事情、并从中得到收获。盲目地让孩子参加各种兴趣班，甚至攀比周围的邻居、亲友、同事家的孩子，并不会培养出一个多才多艺的孩子，反而侵占了孩子自我提升的空间，还影响了正常的学习课程，最后成了"十八般武艺，样样稀松"。

学习是一种消耗大量脑内氧气的脑力劳动，家长千万别认为孩子长时间进行学习活动就是注意力集中的表现。事实上，持续学习时间越长，注意力越容易分散，学习效果越差。所以在安排孩子的学习内容时，一定要注重一张一弛，让孩子的大脑得到充分的休息，适时搭配体育运动，让大脑能够时时保持在最佳状况，这才是注意力能够集中的前提。

二、过度强迫孩子"应该怎样做"

有些父母是一群"应该主义者"，他们对孩子有不放心的感觉，时常在与孩子的交谈中情不自禁地敦促道"你应该这样"、"不应该那样"。往往越是优秀能干的家长越是企图用自己的经验引导孩子的前途，用自己的能力指教孩子的一生。他们最常说的话是："你是哥哥，应该让着妹妹。""这道题应该这么做。""你应该把这些食物全吃光。""你应该先写英语作业，再写数学作业。"但这些要求对已经萌发出自我意识的小学生来说，有时是一件相当难以接受的事，孩子并不会每件事都领情。最直接的表现是孩子生活在父母的各种"指导"中，没有独立的自我品格，既然不是自己想做的、愿意做的事情，做事时自然总是心不在焉，注意力严重下降，产生逆反心理。还有一些孩子表现出做事缺少自信心，缩手缩脚，苛求完美，逐渐形成自卑、怯懦、没主见的性格，导致孩子走上不适合自己的人生道路。而且家长处处行使自己的意愿，等于家长在替孩子活，孩子时时遵从家长的命令，等于孩子在替家长活，大人和孩子都活得很累。

所以，这里也劝一句，对孩子干涉太多，无疑是在制约孩子的成长。父母不要过高估计了自己对孩子的影响力，也要渐渐接受孩子已经有了自己的世界、自己的判断。孩子已经不再是那个需要家长搀扶着才能走路的小宝宝了。家长要秉承一个心态：孩子的路应该放手让他自己走出来，做自己命运的创造者。

18

少给孩子脸色，多送微笑温暖

情景再现

甜甜是一个即将小学毕业的女孩，平时就很多愁善感，像个小大人一样，总是能突然地说出那些让大人觉得不可思议的人生感悟来。

但在甜甜的父母眼里，女儿是个"想得太多"的孩子，经常在学习和做事之时神不守舍，不是东张西望就是低头不语，于是屡屡对女儿展开批评教育。但爸爸妈妈不知道的是，他们正是让甜甜"想得太多"的原因。

妈妈最近公司的事情特别忙，每天拖着疲惫的身体回到家中，和爸爸谈论的都是工作上的不顺心、同事的尔虞我诈、未来的迷茫，言语之中，多是叹息和抱怨，脸色自然好看不到哪里去。面对甜甜的时候，也是一点也开心不起来，别说甜甜做错了事情，一定会被妈妈迁怒一番了，就算是甜甜拿回了满分的试卷，妈妈也没有什么欣喜的感觉，依旧为自己的事情惆怅万分。

爸爸也是如此，这几个月来，爸爸一直赋闲在家，寻求工作机会，面试很多，复试很少。爸爸在家里闲得久了，遇到以前的同事和朋友难免面子上过不去，偶尔参加一次同学聚会，也必定是惨败而归。看到工作不顺利的妻子，再看看没在专心学习的女儿，爸爸的世界里几乎没有晴天。

每天面对着这样的爸爸妈妈，时常要担心自己会不会不小心惹怒了父母，妈妈脸上的表情是什么意思？爸爸对我指指点点的又是为了什么？甜甜怎么能不"想得太多"呢？

孩子的心里话

我很爱爸爸妈妈，但他们看到我总是长吁短叹，加之一脸阴沉，好像我做的任何事都是错的，永远在让他们失望一样。我真的是一点都不开心，请你们能不能不再给我脸色看？多对我笑笑，让我感受一下你们对我的爱，好吗？

家长该怎么办

一、给脸色与看脸色

美国心理学家罗斯·坎贝尔认为：孩子从出生起感情上就十分敏感，而这种敏感状况往往取决于他与环境的关系，譬如家庭、父母和伙伴的关系。如果这个环境是充满敌意的、令人讨厌的、不招人喜欢的，那么惊恐不安的情绪就会影响到他的说话、行为，降低与人进行交往的能力和注意力，最终影响到学习的能力。

整日生活在家长的脸色中，孩子久而久之对家长没有亲情的和谐感，反倒有一种害怕与恐怖积聚在心头，整天提心吊胆，对老师上课讲的什么，大多没有往心里去，回到家，家长交代的事情，也做得三心二意。因为家长那一副"不见天日"的表情，使孩子终日不得舒畅，无形中给孩子增加了很多的压力，令他感到灰暗、紧张、忧心忡忡，除了害怕之外，做事也会怀疑自己的能力，总是思虑再三、优柔寡断，琢磨着什么时候在什么事情上能做一些让家长高兴的事，甚至唯恐自己哪一步走错，给别人带来麻烦，使家长失望。在家长多变的脸色之下，孩子的观察力大大提升，甚至父母的一丝欲问又止的眼神闪过，都能引起孩子的注意，立刻"懂事"地知道父母想问的是"学习怎么样？""老师说你上课走神是怎么回事儿？"其实面面俱到的观察力有时候却扼杀了孩子的专注力，反而令他分心。

二、用微笑去关心孩子的成长

对此，父母要明白，要想孩子听你的话、集中注意力，首先需要让孩子放下对家长的警惕，只有家长脸上无时不在的阳光，才能使孩子的内心充满了美好向往和幸福感，集中心思去生活和学习。

1.调整心态——父母适当放下架子

"平等"就是教育者对教育对象一种发自内心的理解与尊重。它蕴藏在家长的心里，折射在家长的眼中，饱含在家长的话里，显露在家长的手上。当家长能放下身段、放下架子的时候，亲子交流才能有一个良好的开篇，培养孩子的注意力才能水到渠成。

2.会心一笑——增进和孩子的感情

人的面部表情与人的内心体验是一致的。笑能使人心情舒畅、振奋精神、忘记忧愁、摆脱烦恼。所以，家长要学会微笑，把微笑传递下去，让孩子体验到快乐，家长再去教育孩子，孩子也乐于接受。家长养成了经常微笑的习惯，就会觉得内心充满了对孩子的信心，亲子感情也就得以融洽。

19

少在孩子面前争吵，多展现亲情

周一早上刘悦妈妈刚到办公室，老师打来电话说："刘悦上课的时候，不知道为什么就哭了，一直抽抽泣泣的，完全不在听课的状态中，而且问她什么，她也默不作声。"妈妈心里纳闷，孩子为什么会这样，难道她遇上了什么伤心事？

于是，妈妈赶快处理完手中的事，便去学校看看情况怎样。老师把刘悦从教室里叫了出来，只见她的脸上虽然没有挂着泪珠，但眼圈通红，依然一眼就能看出她曾经哭过。

"刘悦，你怎么哭了？"妈妈关切地问道。

刘悦的眼泪吧嗒吧嗒地往下掉，目光里闪烁着一丝不安和紧张，显然是遇到什么事了。果不其然，稍候片刻，刘悦的情绪有所平复，她哭着说："妈妈，你为什么又跟爸爸吵架了？"

"夫妻之间吵架很快就会好的，而且我们只是想法不同，在各自说出自己的道理，可能激动的时候，声音高了，真搞不懂，这点事也值得你哭、影响你听课吗？"妈妈解释道。

"可是你们总吵架。"刘悦说。

"吵架是我们的事，你是负责学习的，大人的事你就别瞎操心了。"妈妈这样说。

刘悦看见妈妈是这种态度，也就不愿多说下去，转身回到了教室，正巧上课铃声响起，妈妈也就顺势离开了。

孩子的心里话

妈妈说搞不懂我，我觉得话说反了，应该是我搞不懂他们吧。一方面叫我要和同学和谐相处，一方面她却和爸爸三天两头地吵架；一方面让我专心学习，一方面又当着我的面和爸爸吵架，甚至有时候我就是吵架的原因。这种环境下，我怎么能安心学习、把注意力都放在学习上呢？有时候我做梦会梦见他们在吵架，甚至还做噩梦，梦见他们都不要我了。我总想着这些事情，上课的时候心思根本就没法用在听课上啊。

家长该怎么办

父母当着孩子的面发生争执，相互贬低、辱骂的言语虽然攻击的是双亲一方，但却会一毁父母在孩子心中美好的形象；巴掌拳头虽然打在双亲一方的身上，却往往也痛在孩子的心里。家长不仅是在宣泄自己的愤怒，同时也是在破坏孩子的精神家园，直接影响他一生的心灵健康。

一、当着孩子吵架危害多多

儿童对安全感的需求要比成人多得多，稳定而平和的夫妻关系是孩子最有安全感的港湾，当着孩子的面吵架，会使孩子的安全感受到影响。因为孩子年龄小，面对父母的不良情绪，还无法准确判断这种不良情绪的是非曲直，所以，很多孩子会无意识地担心接下来发生的事情将威胁到自己的安全。如果父母长期在进行沟通时使用这种争吵的方式，孩子则容易出现胆小怕事的性格，在每一次见证父母争执的时候，这种懦弱的性格就表现得越发突出。刚开始孩子的反应还只是委屈地哭泣，哽咽着劝说，被父母无视之后，孩子便逐渐形成了遇到冲突、选择回避的方式，忧心忡忡地担心父母抛弃自己，严重的可以造成恐惧症和焦虑症。

二、保护孩子，做和和气气的一家人

对于孩子来说，能带来安全感的家庭不在于是否居住在高屋大宅，不在于是否与父母日日夜夜地生活在一起，而是在于家人之间的关系是否真正和谐，是否相敬如宾、举案齐眉、长幼有序、和和睦睦，这才是孩子心理健康最重要的保障。

家长想让孩子心无旁骛地做事，就应该从根本上避免让那些"骛"出现在孩子的生活里。不想让孩子因为父母的矛盾、争吵、冲突而心生恐惧、胡思乱想，继而影响学习，家长就需要改善夫妻关系、注重沟通方式，好给孩子营造一个温馨和谐的家庭生活氛围。夫妻相处之时，对同一件事持有不同的看法、有着不同的计划都是在所难免的，表达自己意见之时也经常控制不住情绪，从一开始的抱怨，变成质问、指责，变成互不相让的争执。但如果父母能约定不在孩子面前吵架，努力去掩饰掉那些不愉快的情绪，换另一种方式来冷静沟通的话，孩子便能远离那些因着父母而产生的难过与害怕，便能一直在充满快乐与爱的家庭中成长。

②⓪

少批评指责，多鼓励赞赏

情景再现

"把你的记过簿拿过来！"爸爸冲着花花喊道。

"我又怎么了？"花花不明所以。

"刚才让你帮我拿洗脚毛巾，喊你三遍没听见，记过！"爸爸说道。

"这都要记过？我只是正在看书没听见而已嘛。"花花据理力争。

"只要是别人和你说话的时候，尤其是家长和你说话时心不在焉，就要记过，这是当初定下来的规则。"爸爸说道。

"那是你定的，我可没同意。"花花颇有不满。

"如果不是因为你注意力不集中，影响了学习，我能给你准备这个记过簿让你认识到自己的缺点、去改正它吗？"爸爸一边在记过簿上记录着花花刚才的表现，一边说："你看看，昨天你因为不专心，数学题写错了两道；前天你又是因为三心二意的，把课本忘在家里了；大前天我千叮咛万嘱咐告诉你回到家先把米饭做上，结果你忘记了；上星期你光顾着自己看电视，妈妈的朋友和你聊天，你却爱答不理、答非所问……几乎每天都要犯错，天天批评你，批评得我都累了。"

"天天被你批评，我也很累。"花花说道。

孩子的心里话

爸爸太严厉了，每天都要批评我，从他的嘴里就听不见一句夸奖我的话，难道我真的有那么差吗？

家长该怎么办

孩子的注意力较差可能是源自父母的教育方式不对：批评太多、赞赏太少，造成孩子的"破罐子破摔"。为什么会这样呢？孩子还小，家长的负向强化会导致孩子的心理确认。家长如果频繁地指出孩子的注意力不够集中，他便会从心里暗示自己"我是个注意力不集中的孩子"，长此下去，孩子真的就无法集中自己的注意力了，甚至会出现逆反心理，即"你说我注意力不集中，我就不集中给你看"，注意力不集中会因此成了习惯。

家长之所以有时会口不择言地批评孩子，就是因为他们没办法事事时时做到尊重受教育者，了解受教育者的需求，因此才在教育方法上出现偏差。"每个孩子都不喜欢被批评"，想要理解这个事实很难吗？当然不难。每个有自尊心的人都不会对别人的批评和指责抱以笑脸和迎合，但是家长为何还要伤害孩子的自尊心呢？或许只是因为这些家长太擅长于发现孩子的缺点和过失，对孩子的优点却经常后知后觉、甚至视而不见，于是在急于宣泄自己心中不满的时候，明明知道这些话出口以后会伤害孩子的心灵，却仍旧整天对孩子充满了批评和斥责。

一、如何批评，孩子会更听话

许多父母都有这样的感受，那就是越批评，孩子越不听话，越让孩子集中注意力，孩子越心神不定，这让很多父母都感到非常苦恼。有没有什么方法能够让孩子听父母的话呢？在孩子不听父母的话时，又应该怎么办？

1.给孩子转移注意力的时间

当孩子集中注意力去看动画片而不是写作业的时候，家长提醒了几句，孩子却仿佛没有听见，甚至有点顶撞家长的意思，家长便立刻想要对孩子的三心二意加以训斥，但其实孩子在"专心"之时，是不能立马就听到家长在讲什么的。他需要几秒钟的时间将注意力转移到别的事情上。所以家长尽量给孩子留有一点反应的时间，不要急着批评指责，孩子往往能主动改正错误，无须家长的"鞭子"抽。

2.不要和正在哭泣的孩子讲话

孩子注意力不集中做了错事，家长批评了几句，结果孩子哭了，直接导致家长越发地不能容忍的情况也时有发生，这时候如果家长以为孩子是要脸面、认识到错误，所以才哭，而去"再接再厉"地批评教育的话，其实往往收效甚微。因为对着一个正在哭泣、满脑子都是伤心的孩子继续说教就像是对着正在起飞的飞机大吼。家长的声音在孩子的耳朵中就像是被静音了一般，这种行为同时还会传递出一句潜台词："我现在要说的事情比你的感受还重要。"家长这时候应该静静地等待，直到孩子的哭声逐渐削弱之时再和他去讲道理。

3.慢慢地说，说话的时候注意停顿

当家长说话的语速太快之时，孩子为了避免自己受到冲击，所以会无意识地产生一种听不懂的错觉。所以家长在和孩子说话时，应该确保给孩子留有一些消化你刚刚讲的事情的时间，适当停顿，然后再接着讲下面的事情。

二、用"记功簿"代替"记过簿"

很多父母都认为严格才是爱，而且坚持认为，孩子好的方面不说也放在那里，想要取得进步，重点应该放在改善已经存在的缺点上，所以他们喜欢用"记过簿"来提醒孩子哪些行为习惯是需要纠正的，认为孩子会经常自我提醒，理性地纠正自己的错误。父母的想法或许没什么错，"记过簿"可以帮助孩子看到自身的不足，从而加以调整，但是儿童的反思意识和控制能力都较为浅薄，他更容易受到暗示和兴趣的支配。如果孩子整天看到的都是一堆"过错"，好像改起来没有尽头，加之凡是来他家的人都会看到这张纸，将这么多孩子不想示人的缺点挂在墙上，会损害他的自尊心。最后的结果好比是肚子已经很饿了，但前方还有很远的路要走、索性懒得再走了一样。致使那些本来想抛弃的坏东西，在这种刺激下被强化固化下来，孩子由此给自己定性，以为那些坏习惯是自己的必然行为，反而失去了进取心。

想要让孩子养成好习惯，就需要培养孩子对提高自身能力的自信，而孩子的自信往往来源于家长对孩子的多肯定、多鼓励。假如家长总是说"我的孩子注意力不集中"、"我的孩子总是不专心"，孩子自己说（或认为）"我不专心"、"我无法专心"，都是非常不利于自信的培养的。所以家长对于孩子的过错应该多一些正面暗示，尽量避免负面暗示。

1.记功簿的"功劳"

如果采用"记功簿"代替"记过簿"，孩子看到自己每天都有的"进步"，不仅获得了荣耀感，而且还同时提醒孩子不要忘了以后再做这些好事。这些"功劳"好比是加油站一样，使孩子获得了源源动力，没有"路漫漫，其修远兮"的感觉，就能在鼓励中实现自我完善。或许对于孩子来说，

"记过簿"就是用鞭子赶着他前行，而"记功簿"则是在前行的路上，扶了他一把。家长给孩子记录的"功绩"越多，孩子越能从偶尔的良好表现中得到自信和快乐，在"鼓励"的积极暗示中提升学习兴趣和专注力，将偶尔行为变成稳定行为，最后成为良好的习惯。

2.记功簿记些什么事

记功簿该记录些什么呢？父母要把握不同阶段孩子的特点，巧妙地将孩子的成长分成几个阶段，这样孩子在成长的过程中，就能在每个阶段看到每个阶段的成长，感受每个阶段成长的快乐。小学期间最重要的是保护孩子对学习的兴趣。家长可以将孩子学习上的点滴进步，尤其是集中注意力之后获得的成功都加以记录，事不分大小，只看性质。而且家长要注意对孩子的学习成绩不要看得过重，要淡化学习的功利性，这样才能促进孩子发自本心本能地爱上学习，集中注意力去学习。

21

家长会不要成"批斗会"

情景
再现

"毛毛上课不专心，爱跟同学打架，有时候老师说什么都不听，放学不好好排队，说两句还顶嘴……"听着老师滔滔不绝地评价，毛毛妈妈觉得很没有面子，可又不能阻止老师继续说下去。

"希望家长不能忘记了孩子是未来的希望，再忙也要配合学校做好孩子的教育工作，在这方面多下功夫，不能太大意，要和学校实现无缝连接。"老师最后对家长提出了要求。

回到家里，妈妈一看见毛毛就没有好脸色，"老师批评你了！"

"又，又，又批评我？"毛毛有点惧怕地说。

"你要是上课的表现好，学习好，老师会批评你吗？"妈妈说，"为什么就不能在别人面前给我长点志气呢？你这个注意力不集中的问题到底什么时候能改掉？"

"一回来就说我……"毛毛小声嘀咕着。

"老师还说你顶嘴，顶嘴的孩子，老师能喜欢吗？"妈妈说道。

"我没顶嘴啊，我只是和老师讲道理而已。"毛毛解释道。

"老师说你顶嘴，你就是顶嘴了，你觉得我会不信老师的话、信你的话？"妈妈完全质疑毛毛的解释。

"我下回再去开家长会的时候，希望能听到老师夸奖你，不想再听到批评你的话，你自己端正好学习态度，表现好点，要不然……"妈妈做了一个发怒的表情。

孩子的心里话

家长会在我看来，就是好学生的"颁奖典礼"和差学生的"受难日"。每次开家长会，我都提心吊胆的，因为说不定老师会怎么评价我、让爸爸妈妈好好"教育"一下我呢。

家长该怎么办

一、别跟着老师一起批斗孩子

苏联教育家苏霍姆林斯基说："两个教育者——学校和家庭，不仅要一致行动，向儿童提出同样的要求，而且要志同道合，抱着一致的信念，始终从同样的原则出发，无论在教育的目的、过程还是手段上，都不要发生分歧。"

如何才能让家庭教育和学校教育保持同步呢？家长会就是连接家庭教育与学校教育的纽带。它的作用是使家庭教育很好地配合学校教育，促进学校教育的深化与完善。家长会的初衷是让家长增加一些对孩子在校表现的了解，但每一次家长会并不一定能达到预期的目的。尤其是如今的家长会已经接近演变成了批斗会。一些老师在家长会上大吐苦水、批判学生，顺带也批评一下家长。

有些老师出于个人原因，对孩子的评价难免有失偏颇，而且一些家长总是喜欢扮演审判者的角色，听到作为原告的老师的话后，就不加分析、调查地宣告孩子有罪。他们的依据是：没有得到老师的表扬，一定是孩子不努力、不认真、不专心听讲，问题永远出在孩子的身上。这种偏听偏信所带来的双重的批评、加倍的否定对孩子来说都是巨大的委屈和伤害。谁都知道好习惯的养成需要一个过程，不会一蹴而就，其中有孩子做得对的地方、也有他做得不对的地方，如果反复地指出问题的来源都是孩子造成的，不但无法疏解孩子的负面情绪，反而增加了孩子的压力，减缓了孩子自我完善的进程。

所以，做家长的千万不能在家长会上听风就是雨，和老师一起数落孩子的不是，尤其是在老师过分强调孩子的成绩和分数之时，家长可以认真听，尽可能多地了解孩子在学校的情况，注意包括缺点、优点两个方面，但对于老师的"打小报告"则不要太往心里去。而且家长应该在平时多观察孩子、多从更多的角度和渠道了解孩子，在听到孩子的负面评价、觉得将信将疑之后，给他一个自我辩解的机会，如果这里面真的有隐情和误会，就应该和老师充分沟通，这才是最有利于实现家庭教育和学校教育同步化的方法。

二、多功少过，从家长会上给孩子带回点自信

家长会上，老师面对家长所言所行不会有太多的顾虑，所反映的孩子的情况也基本属实，言辞之间似乎有点不留情面。家长如何"传达"这些批评，需要动一些脑筋。如果不分情况地全部"如实"传达给敏感而脆弱的孩子，很容易对孩子的自信、自尊造成伤害。所以家长一定要考虑好自己在"传达"时所应该采用的方式及言语，这样的言语会对孩子当下及今后的学习形成会怎样的影响，是建设性的，还是打击性的，对孩子是有激发作用，还是抑制作用？

首先家长不要吹毛求疵。比如，老师说孩子考了99分，家长回家便去追究那1分是怎么丢的，重视孩子失去的1分，忽略孩子辛苦得来的99分，孩子又怎么会愿意接受这种失衡的批评。这时候，家长不妨抛开那"微不足道"的1分，而去表扬孩子的功劳——99分，和孩子一起交流它的来之不易，认同孩子付出的努力，这样的正面暗示会让聪明的孩子一眼看出自己的问题出在哪里——我这么努力用功，应该能考满分的，可是这里丢了1分，我要好好记住这个错误，以后不在同一个地方跌倒两次。

其次，孩子表现不好也绝不能打骂。把孩子骂一顿、打一顿是多么容易的事，做起来也很痛快，只是它不能解决任何问题，反而会让孩子觉得"我今天被打骂都是因为老师对我的评价，因为老师告状"，归因于老师，而不是反省自己在学习上的不良习惯。如果老师给孩子的评价是"上课不专心，注意力不集中，总是一问三不知"，家长是应该去质问孩子："为什么不好好听课？怎么会回答不出老师的问题？为什么辜负家长的期望？为什么没有上进心？为什么老师不批评别的孩子、就批评你？"这样问下去，家长的情绪必然越来越暴躁、越来越气愤，何谈真正的交流沟通呢？倒不如避其锋芒，给孩子讲讲老师都夸奖了哪个孩子上课的时候注意听讲、回答问题积极准确，然后鼓励孩子："我相信你下回也可以被老师这样表扬的。"间接地指出了：你上课不够专心，所以老师没有表扬你。这样一来，孩子没有被明着批评，但却也能认识到自己的不足，改正起来也积极性较高。

22

少盲目攀比，多理解鼓励

情景
再现

　　尽管陈诚上小学三年级了，可妈妈担心孩子的安全，现在他依然是由家长接送。接送孩子的时候，难免会遇到同班的其他家长，难免会谈到各自孩子的情况。陈诚妈妈也一心想让自己的孩子争口气，所以尽管陈诚考了95分，妈妈却坚信"逆水行舟不进则退"，依然督促着他要再上进。

　　"昨天和我志刚的妈妈聊了聊，他这回的数学考试是100分呢。平常他可没有你学习好呀，你还是数学课代表，居然才考了95分，丢不丢人？"妈妈说道。

　　"偶尔遇见一道不会做的题目才这样呀。"陈诚为自己辩解。

　　"同一道题，为什么人家会做？就你不会做？一定是你上课时走神了，没有认真听讲。"妈妈说道。

　　"他上课也一样注意力不集中呢，干吗总说我。"陈诚不乐意。

　　"说你是为了激励你，你要是什么都比不上同学，注意力没有同学好，成绩没有同学好，老师也不喜欢你，对我来说是多丢人的事。"妈妈自顾自地说着。

　　"志刚数学成绩突然提高并不是因为他变聪明了，而是因为他上了补习班，下周我也给你报名，你赶紧补课去，千万不能再落后了。"妈妈说道。

"别人补什么，我就要补什么吗？干吗总是拿我和别人比较？"陈诚问道。

"你要是做得好，都是别人来比你，来追赶你了，你做得不好，就得跟在别人后面跑。"妈妈这样说。

孩子的心里话

最讨厌妈妈把我和别人比较了。我就是我，干吗要和别人一模一样？妈妈一点都不理解我，总是给我带来这么多的压力，还说是什么激励，明明就是嫌弃我不如别人嘛。

家长该怎么办

一、适当攀比是激励，盲目攀比是伤害

盲目攀比常常是源于家长主观的焦虑。"我的孩子成绩没有谁谁谁好，怎么办呀？""老师表扬了谁谁谁，没有表扬我的孩子，为什么呢？""听说谁谁谁的孩子考上了名牌大学，我的孩子什么时候也能这么有出息呢？"生活中，很多家长都有这样的焦虑，殊不知，在家长忧心忡忡、为孩子的未来担心之时，孩子也在忧心忡忡地为自己的现状担心。在家长看来是鞭策的比较，在孩子看来却是单纯的压力。陈诚就是这么觉得的。他不明白妈妈为什么总是数落自己的不是，夸奖别人的优点，为什么觉得别人哪里好的时候，就一定要求自己也做到同样的事情，妈妈的攀比行为让陈诚觉得自己被嫌弃了，学习压力倍增。

适当地攀比对孩子来说是一种激励，"你可以更专心一点、做得更好"，孩子由此获得了自信和动力，也就能够全力以赴地做得更好；盲目地攀比则是一种伤害，"你怎么就不如谁谁谁，人家上课从来不会走神"，孩子由此被贴上了"不如别人"的标签，被打击的信心、被无视的努力、被嫌弃的能力都会让孩子心如死灰，说出"你觉得谁好，就找谁做你的孩子"的

话来。所以，家长在攀比之时，应该把握好分寸和参照物，尽量少与孩子谈成绩、谈名次、谈班里的尖子生，而要让孩子和以前的自己相比，不断地强化自身能力，才有超越别人的可能性。

二、每个孩子都是不同的

每个孩子的能力都是不同的，或许活泼的孩子喜欢跑跳运动，而安静的孩子喜欢下棋动脑。他们都能在自己喜欢的事情上很好地集中注意力。但家长如果仅仅以分数而论，觉得成绩才是王道，别的都可以不去理会，看见孩子考试成绩不理想，就去责怪活泼的孩子太闹，所以学习得不专心；安静的孩子太闷，所以复习得不积极，则会让分数覆盖了孩子的个性和天赋，无法了解孩子到底喜欢什么、讨厌什么、擅长什么，也抹杀了他的追求和乐趣，让孩子变成了没有情感的学习机器。

家长要平和地看待孩子的成长，每个孩子的发展速度也是不同的。教育不可急功近利。"欲速则不达"的道理人人都懂，就连有经验的农夫都知道面对缓缓生长的庄稼，绝不能急躁，多翻土、多施肥、多浇水往往是适得其反的行为，而不紧不慢、不急不躁这种悠然自得的心态却经常能获得大丰收。

所以家长应该多给"不如别人"的孩子一些理解和鼓励，理解他是因为更专心于自己的兴趣爱好所以才偶尔无法专心学习，理解他现在没有别人做得好是因为孩子需要空间和时间适应新事物、提升自己，理解他在"不如别人"之时更加需要家长的支持鼓励和实际帮助；鼓励孩子在不放弃自己兴趣爱好的同时，争取在学习方面也胜人一筹地全面发展；鼓励孩子为自己设定合理的目标和计划，稳步前行于成长之路；鼓励孩子多和父母交流自己为什么没有别人做得好、怎样才能比别人做得好……由此，孩子才能在家长"攀比"之时感受到的是关心和激励，而不是贬低和伤害。

23

少打骂体罚，多给孩子留自尊

情景再现

"小凌，你怎么把作文写成这个样子？"妈妈拿着小凌的作业本批评道。

"怎么了？"小凌一脸不解。

"你说怎么了？把作文写得驴唇不对马嘴，语文课上你到底有没有认真听课，有没有好好学习？"妈妈不断指责道。

"这篇作文确实不好写呀，我已经很努力了。"小凌解释道。

"努力？努力就是边写边玩，一会儿吃零食，一会儿折纸鹤，一会儿看电视吗？这么三心二意的，才会把作文写成这样！"妈妈越说越来气。

"我重新写一篇不行吗？"小凌说道。

"重新写？你看看现在几点了，明天不用上学吗？早干什么去了？"妈妈的声音越来越大。

"知道我明天还要上学，你就不要冲我吼，影响我的心情。"小凌也不乐意了。

"我影响你的心情？我辛辛苦苦地赚钱，送你去重点小学，结果你就给我学成这副模样？为什么你就不能体谅一下父母、懂事一点？"言语已经不能表达妈妈的怒气了，她用手连着打了小凌两拳。

"不许打人！"小凌躲闪不及。

"打你怎么了？爱之深责之切懂不懂？因为爱你，所以才要好好教育你！"妈妈不由分说地继续发泄着自己的不满。

孩子的心里话

妈妈总是说打我有理，总是要我听她的话，为什么就不能有话好好说，注意力差也不是什么大事，难道我就那么应该被打吗？这就是妈妈所谓的"爱"，伤害了别人的心，还堂而皇之说自己这是"爱"，我恨她。

家长该怎么办

一、打骂教育害处多

随着孩子的慢慢长大，家长对孩子的要求也随之提高了，与之相应，如果孩子的成长没有能跟上家长期待的节拍，那么训斥甚至打骂就成为很多家长教养孩子的例行手法。一项针对"家庭体罚子女现象"的调查显示，近2/3儿童曾经遭受过家庭暴力。在接受调查的498名大学生中，54%的人承认自己在中小学阶段经历过家长的体罚，高达被体罚总数的71.38%。体罚的形式以家长手打脚踹为最多，占到88%，借助工具，如棍棒、皮带、衣架等实施暴力的占1.6%。从体罚的种类看，辱骂占25.28%，罚跪占16.36%，罚站占13.38%，被家长逐出家门的占4.09%。心理学家指出，"棍棒出孝子"的年代早已经过去了，体罚子女，弊大于利。家长在孩子的成长过程中滥用体罚会给孩子造成诸多心理问题。

家长相对于孩子来说是强势群体，所以他们往往要求别人来理解自己，而忽视了理解孩子，甚至忽视孩子的需求。但孩子的需要是客观存在的，综合起来看，他们主要有四种需求：家长的爱护和关怀；别人的接受和尊重；别人的赞赏和认同；在家里有自己的地位。而滥用体罚无疑会破坏孩子的这些心理需求。

很多家长都片面地以为：惩罚就是给孩子点苦头，让他知道不听话的

"后果很严重"。殊不知,家长与子女的关系应该是一种尊重、平等、和谐、支持的关系,一旦滥用体罚,既会严重伤害孩子的自尊心,也会使孩子不再愿意与家长亲近。家长打骂越多,严重的时候甚至会发展成对抗、对骂、对打,越容易丧失在孩子心目中的威信,亲子感情的隔阂就越大。小凌就是个例子,由妈妈的"爱"而生出了对妈妈的"恨"。

二、不打骂、只批评,多给孩子留点自尊

对于家庭教育的打骂体罚,有专家表示:"刺激过多、过强和作用时间过久而引起心理极不耐烦或反抗的心理现象,称之为'超限效应'。当孩子犯了某种错误,家长如果一而再,再而三地对一个错误重复批评,孩子会从内疚不安到不耐烦到最后反感讨厌,甚至出现'我偏要这样'的反抗心理和行为。"所以,如果家长了解这个心理规律,孩子犯错时就应该遵循"犯一次错,不打骂、只批评,点到为止"的原则,不要对孩子的某次错误"揪住不放",把问题说明、道理说清就可以了,一定要给孩子留点自尊。尊重孩子说来容易,做起来不简单,需要气头上的家长不断学会控制自己的情绪、体谅孩子的难处、善于运用语言技巧才能达到。

24

少忽视放任,多细心关注

情景再现

家长会上,老师表扬了一部分孩子,也点评了一部分孩子的不足之处。家长会结束的时候,星星爸爸正要离开,老师叫住了他。问:"您不想问问孩子的表现吗?"

"他的表现如何?"星星爸爸这才想起来参加家长会的目的。

"星星上课时，经常不认真听课，小动作也太多，有点好动。"老师说。

"孩子年纪小，都是这样吧，我小时候也是一上课就坐不住，长大就好了。"爸爸如是说。

"他的作业质量也不是很好，很多不应该写错的都写错了，总给人以写作业时三心二意的感觉，您在家里辅导他写作业吗？"老师问道。

"他都是自己写作业的，我们平时工作忙，几乎没时间辅导他，写错的地方可能是一时笔误吧，这孩子挺聪明的，多做几次题就好了。"爸爸这样回答。

"我觉得呢，最好还是陪着他多做一些提高注意力的训练，这对学习是很有帮助的。"老师说。

"有这个必要吗？每天上学已经很辛苦了，还要做注意力的训练，我怕孩子吃不消呢。"爸爸略有心疼地说。

见家长这样回复，老师苦笑了一下，没有再说下去。

孩子的心里话

老师说我不认真听课，爸爸却说我只是年纪太小，长大就好了；老师说我写作业三心二意，爸爸却说我只是一时笔误，多做几次题就好了；老师说我需要做一些提高注意力的训练，爸爸却说没有这个必要。我觉得老师说得没错啊，为什么爸爸就这么不了解我呢？

家长该怎么办

一、不能做对孩子缺乏关注的"好好"家长

有一些家长总是以一副安慰者的面容出现在孩子的生活中，他们以轻松的方式处理孩子的情绪，以避免自己卷入其中，在孩子出现问题和迷茫之时，他们却说一切都没有问题，无须担心。星星爸爸就是这样的家长。总是

能为孩子的注意力分散问题找到"合理"的解释，不想让孩子有自责的情绪，不愿意给孩子增加注意力训练的内容，怕孩子吃不消。这种"老好人"的行为看似对孩子关怀备至，是在安抚孩子的情绪，实际上却是在忽视孩子的内心感受，放任孩子变成一个堂而皇之地去放任自己的人，把家长的责任撇得远远的。

孩子考前复习的时候，注意力不集中，自己也很担心地说："怎么办呀？明天就考试了，我一点都看不进去呢，不知道会考成什么样子。"家长的回应是"放心啦，不会有事的"。这样的"安慰"会让孩子轻视考试、也对自己过于自信，意识不到考试的重要性，以至更加不在意复习的过程，三心二意，转而去做别的事情。

孩子上课时东张西望，被老师批评，回家哭鼻子。家长的回应是："这算什么事啊，看你难过的。"这样的"疏导"其实是"拥堵"，是在否定孩子的感受，告诉他为此难过是不对的、不应该的、没必要的、会被人嘲笑的。

孩子做事遇到瓶颈、无法集中精神、灰心丧气之时，家长的回应是："这是上天给你的考验，加油吧。"这样的"鼓励"往往于事无补，并没有给孩子提供实际的帮助，而且会让孩子觉得家长正在袖手旁观，眼睁睁地看着他自己面对困难，却不愿意施以援手，不由得产生一种更加无助的感觉。

二、对孩子缺乏关注不要以忙碌为借口

孩子的自我意识发展到一定阶段的必然反应便是表现欲不断增强，喜欢别人的注意，最不愿意被成人"冷落"。但在现实生活中，家长更倾向于竭尽全力地满足孩子的生活需求，而很少重视孩子的精神需求，没有给予孩子成长中出现的问题以足够的关注。家长是家庭的顶梁柱，是赚钱养家的主力，忙是他们的主旋律，分身乏术的家长们只好将孩子散养。孩子没有家长的引导和管束，活得"自由自在"，或是今天想玩这个，明天想玩那个，不仅专注力下降，还可能有生命安全隐患存在，或是长期得不到重视，内心孤独，胡思乱想，影响了注意力。而这些终日疲于生计的家长仍浑然不觉，错过了一次次教育孩子的好机会。在培养孩子专注力这方面，他们所扮演的完全是路人的角色。

三、细心关注，孩子才会提高注意力

这里要提醒这些家长：对于孩子，美言和金钱都不算是真正的爱，对孩子的学习、生活、心理多些关注和细心才是"真爱"。如果对孩子的注意力问题采取漠不关心、放任自流和过于溺爱的态度，就像是面对生病的人却看不出症状、不积极治疗一般，只会使已有的症状加重，最终"病入膏肓"时才后知后觉，却已经为时晚矣。建议家长在照顾孩子的日常起居时要细心。只要家长足够重视，明察秋毫并举一反三，孩子注意力下降的问题就会在孩子言行的细枝末节中露出"马脚"，家长便能从中找到问题真正所在。

25

少大大咧咧，多以身作则

情景再现

郴郴放学回到家里，通知妈妈家长会的事情。

"妈，后天学校开家长会，上午9点，你别忘记了。"郴郴说道，她这次考试成绩不错，所以通知妈妈开家长会的语气也是异常地期待和兴奋。

"你说什么？我没听清。"妈妈正津津有味地看着电视剧。

"我说，后天学校开家长会，上午9点，你别忘记了。"郴郴又大声重复了一遍。

"哦，知道了，知道了。你去玩吧，别打扰我看电视。"妈妈说道。

"你知道我们班在几楼吗？"粼粼问道。

"知道，知道……"妈妈做了一个让粼粼安静的手势。

"妈妈到底听到我的话了没有啊？"粼粼满心疑惑。

到了开家长会的那一天，粼粼一睁眼，看到床头的闹钟显示的是早上8点半。他一个激灵坐了起来，"妈妈，妈妈？"

"我在这儿呢，什么事？"妈妈走过来说。

"你怎么还在家？"粼粼吃惊地问。

"周末早晨，我不在家还应该在哪里啊？"妈妈笑着说。

"今天是家长会，上午9点！我前天就告诉过你了！"粼粼大吼道。

"什么？我怎么不记得你告诉过我？真是耽误事！"妈妈赶紧换衣服，准备出门。

"是你耽误事好不好？我和你说话的时候，你光顾着看电视，怪得着我吗？"粼粼觉得冤枉，"平常还批评我学习时注意力不集中、听三不听四的，你也是一个这样的人啊，有什么资格说我？"

"我现在没时间和你理论。"妈妈飞快地夺门而出。

"保估妈妈真的知道我们教室在哪里吧，很可能她那天说知道，只是随口一说应付我的。"粼粼叹了口气。

孩子的心里话

我不知道别人的妈妈是什么样子，总觉得我的注意力差绝对和妈妈有关系，这可不是我在推卸责任。为什么这么说呢？这次开家长会就能充分证明妈妈是一个多么大大咧咧、心不在焉的人。在这样的环境中，我都要和妈妈变得一样"糊涂"了。

❓ 家长该怎么办

一、你是不是大大咧咧的家长

心理学研究发现，孩子在10岁以前对家长有着崇拜的情结，家长说的话，孩子觉得可信度较高，比较愿意接受；但是孩子到了10岁至20岁时则进入一个心理上对家长轻视的年龄，经常会瞧不起家长的言行，觉得别人的话更可信、自己的想法更正确。小学生正处在一个从崇拜家长到瞧不起家长的阶段。所以，家长在这个阶段必须要注意自己的言行，既不要让孩子盲目崇拜遵从家长那些错误的行为，也不要做出让孩子轻视、嘲笑的不良行为。

二、以身作则，给孩子一个好榜样

俗话说："积千累万，不如有个好习惯。"孩子正处于发展时期，各方面都还未定型，既容易养成好的习惯，也容易形成不良的习惯。孩子最初的学习对象就是家长。作为家长，更应该清楚一点：改变孩子先改变自己。想要孩子变成具有什么品性的人，家长就要以身作则先去成为这样的人；想要孩子提升专注力，家长自己先去专注、持之以恒地做好每一件事，孩子就能耳濡目染，从正确的榜样身上学到正确的东西。所以，家长不能光忙着教导孩子，也要投入一些精力从孩子的表现中反省自己存在的问题，是否具有不良的生活习惯、学习习惯和工作习惯等。家长不要碍于面子害怕做孩子的反面教材，要发现错误、承认错误、改正错误、用大人的错误去警示孩子，这样才能让孩子不会产生"为什么爸妈可以，我却不可以"的想法，才有助于他严格要求自己、不输给家长。

第四章
情志：解除"千千结"，
提升注意力

孩子有孩子的压力，这一点很多家长还没有足够的认识，甚至只关注自己的工作、事业，认为孩子的烦恼，拿钱就能解决，这些都不可取。殊不知，阻碍孩子注意力的另一个重要因素是隐藏于孩子内心的忧虑。它绝不是单纯的物质能解决的，更不是每月给了零花钱、生活费就能搞定的事。孩子都有些什么压力呢？面对孩子的压力，父母应该怎么做呢？如何更有效地帮助孩子集中注意力，做到心无旁骛？这一章将为家长一一解答。

26

受到老师批评时，要给孩子点自信

最近班主任隔三岔五地给明强妈妈打电话，说明强上课时注意力不集中的问题。

"明强妈妈你好，我是明强的班主任。"还没等明强妈妈答话，班主任就不管不顾地说上了，"明强近来上课一直不专心，他在家里的表现如何呀？有什么异常没有？他这样下去可不行呀。不光自己不好好听课，还影响其他同学呢。"

刚开始明强妈妈还没当回事儿，觉得男孩就要淘气一点才有个男孩的样子，长大也才有出息。

可是这天明强放学后哭着回到家里，妈妈一问，才知道他被老师批评了，而且是当着全班的同学、严厉地批评了他，让他非常没有面子，越想越委屈，一路哭着回到了家里。

"你要是上课时注意力集中、专心听课，又怎么会被老师批评呢？"妈妈说道。

"我有时候听不懂老师讲的课，就走神了，我也不是故意的。"明强解释道。

"听不懂就假装能听懂呗，反正早晚都能学会，也不在乎那一天两天。"妈妈说。

明强好像领悟到了什么，以后的日子里，老师倒是再也没打来"投诉"电话，妈妈便心安理得地以为孩子的注意力问题已经解决了。

可是不久后的家长会上，班主任的一番话却让明强妈妈有些抬不起头来。

"明强这个孩子呢，并不算笨，可上课时就是喜欢东张西望，我和他的妈妈已经交流过好多次了，也没有什么改善。前阵子，明强上课走神的情况好像很少发生了，老师讲课的时候，他都是眼睛跟着老师，一副认真听课的样子，可是老师叫他回答问题时，他却一问三不知。这是为什么？因为他在假装认真听课呀，眼睛看着老师，但心早就飘远了……这孩子心眼真多，就是不用在正经地方，也不知道是谁教的。"班主任的话仿佛手掌一样，一巴掌一巴掌地扇在明强妈妈的脸上，让她的脸又热又红。

孩子的心里话

今天妈妈开完家长会，回到家就把我数落了一顿，把老师批评我的话原封不动地说给我听。班里很多同学都不认真听课，为什么就偏偏挑我一个人来批评？老师就是看我不顺眼，做早操站不好队时，老师就扯着我的衣服把我拽到正确的位置，上课时我扭一下头，老师就狠狠地瞪我一眼，好像故意要找我麻烦一样。我都有点不愿意上他的课了，就算是他讲的知识我都能听懂，我也懒得去听了。

家长该怎么办

很多孩子都是这样，本身注意力就有一点分散，但并不是故意为之，可是一被老师批评，心情低落，上课的时候有所惧怕，不自觉地就会走神，还很有可能因为经常被老师批评，而产生了厌恶老师、厌恶学习的不良情绪，故意地分心分神、东张西望、做小动作，偏偏不做老师喜欢的好学生。当孩子有了被老师批评后产生的各种各样的负面情绪，而影响注意力的集中时，家长就应该适时介入，帮孩子卸下思想包袱，清理不良情绪。

一、老师批评，孩子惧怕

有些孩子性格偏内向，心思细腻，但不善言谈，很多事藏在心里头，怕被老师发现错误批评，怕在同学，尤其是好朋友前丢面子，于是上课时也提心吊胆，忐忑不安，听课的注意力大打折扣。

对这样的孩子，家长就应面对孩子存在的问题，让孩子感受到学习和听课的快乐，带孩子走出困境，正视问题。告诉孩子：不要担心被老师批评，每一个孩子都是被老师批评过的，只要愿意改正错误，老师绝不会找你的麻烦；而且上课是一件快乐的事情，就像是吃饭一样，知识和食物都在源源不断地进入你的大脑和身体，这是一件快乐的事情。只要你觉得听课是快乐的，你就能专心对待，只要你专心对待了，你就能表现得让老师满意，到时候老师不但不会批评你，反而会加以表扬呢。

二、老师批评，孩子胆怯

有些孩子学习成绩不是很好，总是处于班级的下游，老师所讲的内容，他听不懂，但心中的自卑和胆怯却又使他不敢询问老师，怕老师不耐烦，所以常常在课堂上发呆。他并不是走神去关注无关的事物，而是在思考老师所讲的知识，在用自己的能力去理解问题、消化知识。但在老师看来，这就是不配合老师讲课和不专心听课的表现，自然要批评几句。孩子心里委屈，久而久之，面对心中的疑问不敢去多想，谨小慎微地做着"认真"听讲的"好孩子"，其实注意力不集中的问题并没有从根本上解决。

家长要调整自己太多主观的想法，学会从孩子的立场上看问题，这样才能解开孩子的心结。家长要这样想：我的孩子一点都不笨，他之所以在数学方面表现得有些迟钝，是因为他还没有完全了解数字的概念。他需要一个循序渐进的过程。有了这样的想法，家长在言语之间定能给孩子以宽慰和理解，化解孩子在老师那里受到的"气"。孩子重燃了学习的信心，做事就能主动积极、全情投入，慢慢地学习效果也就提升上来了。

三、老师批评，孩子厌学

有些孩子自尊心很强，不经意做错了事情，被老师批评之后，就会对老师产生抵触情绪。觉得：老师不给我面子，我也不给老师面子，他越是让我专心听课，我越是要破坏课堂纪律。故事中的明强就是因为老师的批评而产生了厌学情绪，不想听老师的课了，甚至阳奉阴违地假装听课。

家长应该先让孩子去理解老师的行为，耐心地劝导孩子，让孩子学会换位思考，试着去理解老师要照顾到整个班集体，照顾到每一个学生，难免有时候会有偏差，如果他是老师，他应该怎么做？当孩子能够体会别人的感受时，他就能够给予老师更多的谅解，不再钻牛角尖地和老师对着干。然后家长要做的就是帮孩子看清楚未来的生活和现在的学校生活的关系，明白自己是在为了谁而学习，为了谁而专心听讲。帮助孩子树立明确的奋斗目标。孩子的眼光开阔了，就不会拘泥于眼前的不顺利，就能够打开心结，努力去做一个让老师刮目相看的学生。

27

受到同学欺负时，要给孩子点勇敢

情景再现

"孩子蔫了"，近来细心的牛牛妈妈一直这么认为。牛牛是个挺乖巧的孩子，不淘气、懂礼貌，可最近几天放学回家，几乎哪儿也不去，只是待在家里。写作业的时候也经常发呆，好像在用心听什么声音一样，时不时地用担心的眼神看几眼电话。妈妈不明白了，这安安静静的电话，怎么还影响孩子学习、让他分心了呢？询问过后才知道事情的缘由。

"小强冤枉我，那天我因为肚子有点疼，就没去上体育课，小强的文具盒丢了，他说是我偷的，还叫我给他买一个，可我根本没有拿他的文具盒。最近他总是欺负我，不是把我的橡皮掰断，就是踩我的鞋，而且还骂我。妈妈，我没有拿，真的没有拿他的文具盒，当时我也是这么和小强说的，可他不信，说教室里没有别人，就我在。而且他还狠狠地说'我要去告诉老师，让老师告诉你的家长'，我害怕他真的这么做，害怕老师给你打电话。"牛牛把事情始末娓娓道来。

听到这里，妈妈才知道，牛牛最近奇怪的表现原来是因为这件事。于是，第二天，妈妈专程陪牛牛去了学校，和老师说明了事情的经过，老师调查了一番，找到了真正的"小偷"，牛牛和小强也把事情说开了，冰释前嫌。牛牛又变成了那个无忧无虑地听课、做作业的孩子了。

孩子的心里话

这件事我憋在心里好久了，上课的时候在想、下课的时候在想、写作业的时候也在想，最近根本什么都学不进去。面对小强，我真是怎么说他也不信。他天天欺负我，我也不敢和他吵闹，我更不敢向老师、家长说，怕他们误会我。现在好了，老师找到了偷文具盒的人，我也可以松一口气了。

家长该怎么办

牛牛原本是一个不会让老师和家长太过操心的孩子，但因为一场误会，导致了学习时注意力分散，性格变得内向，甚至连玩都没有了兴趣。幸亏细心的妈妈观察到了牛牛的异样，陪伴孩子一起解决了这个问题，使他如释重负，又变回了原来那个开心上学、专心听课的孩子。孩子在学校受到同学欺负之后，产生了负面情绪，影响了学习，家长除了像牛牛妈妈一样带着孩子去学校解决问题，还应该做些什么呢？

一、搞清原因，和老师谈谈

孩子在学校受欺负了，家长千万别火上浇油、不明事理地胡乱"撑腰"，更不要随孩子的情绪动不动就转学。正确的处理方法是要先搞清楚孩子受欺负的原因，然后和老师去谈一谈。谈的时候，家长要注意这不是去兴师问罪，而是客观地、心平气和地沟通。老师一般都会较公正地处理。问题得以解决，孩子心里的那块包袱便能很好地解除。

二、懦弱型孩子，让他学会勇敢

俗话说"人善被人欺"，有很多性格较为懦弱的孩子经常会被别的孩子欺负，而且还不敢和家长说明情况，把所有的伤心、委屈都憋在心里，上课时又怎么能专心听课呢？对于这种性格的孩子，家长先让孩子回想一下是不是自己哪里做得不对、惹别人生气了，如果问题不是出在孩子的身上，而是对方无理取闹，则要让孩子向对方表达抗议。要让孩子学会勇敢面对强权，有助于树立孩子自我保护的意识和引导孩子自己寻找解决的方式。

三、教孩子应对欺负的技巧

人上一百，形形色色。孩子在学校难免有"受欺负"的情况，遇到这种情况，孩子该如何应对呢？可以让"受欺负"的孩子学习下面三招：

1.要大声呼喊

被欺负的孩子往往不敢吭声，有的孩子甚至退到墙角，只会哭，不敢去向家长和老师告状，怕家长说自己"没用"，这样的隐忍往往招来更多的欺负。家长要教会孩子用大声呼喊表示抵抗。这不仅可以引人注目、获得帮助，也可以给欺负者一种警告和威慑。

2.不理睬嘲笑

孩子之间的互相欺负行为很多时候不是来自"动手"，而是来自"动口"。对于这样的欺负，家长可教孩子用严肃的目光盯着对方并郑重地说："我不喜欢你这样嘲弄我。希望你以后不要这样，否则后果自负。"然后转身走开，不去理睬对方的谩骂，更不要回骂对方。

3.找老师帮助

如果孩子受欺负的情况经常发生，已经影响到了孩子的学习和生活，家长必须向老师反映问题，请他帮助解决。老师对自己班级里孩子的品性，了解得肯定比家长全面，在解决孩子们的矛盾时更有效果。家长也可巧妙地把事实客观地告诉对方的家长，切忌一味指责别人的孩子，袒护自己的孩子，那会让事情变得更糟。

28

家长不要期望过高，给孩子点自由

情景再现

莹莹期中考试的成绩并不理想，少不了被妈妈"教育"一番。

"你这数学是怎么考的？乘法口诀不是背得挺好吗？怎么一考试就全忘记了？"妈妈质问道。

"我也不知道。"莹莹低声说。

"就会说不知道，自己上课有没有认真听讲、作业有没有认真做，你自己不知道？能说出'不知道'三个字来，一定是因为你不够刻苦、不够努力。"妈妈继续数落。

"我下回会努力的。"莹莹说道。

"下回？期末考试吗？我希望你期末的时候能够给我拿满分回来，数学和语文都要满分！"在莹莹看来，妈妈对自己寄予了"厚望"。

之后的日子里，莹莹学习分外刻苦，总是想着千万不能让妈妈失望，千万不要再被妈妈教训了，想着想着就不由自主地开始走神。尤其是老师所讲的内容自己一知半解，掌握得不够全面之时，再遇上几道难题，莹莹的心里更是乱如麻，仿佛看到了考场上抓耳挠腮想不出答案的自己、回家时被妈妈批评的自己、偷偷地躲在房间哭泣的自己……

有些事情真是不能展开联想，越怕什么事情发生、就越会发生什么事情。期末考试时，明明语文是莹莹的长项，可是她提起笔来，竟不知道该写些什么了。就连看到最普通不过的作文题目"有意义的一天"，她都顿觉自己思路全无，迟迟下不了笔。就这样时间一分一秒地在她的发呆愣神中流逝了，等到考试结束时，作文竟然还没写完，莹莹急得眼泪都要流出来了。

孩子的心里话

语文是我最拿手的科目，考试前我信心满满，但不知道怎么了，坐到考场上的时候，手脚都不听使唤，不停地发抖。看到试卷时，脑袋里居然一片空白。平时我不够努力吗？为什么要实现妈妈的期望就这么难？

家长该怎么办

从这个故事中可以看出，表面上看是莹莹发挥失常、没有考好，但客观讲，其中也有妈妈的原因。原本擅长的科目，又经过了扎实的学习，怎么会出现"脑袋里一片空白"的问题呢？极大可能是因为妈妈设定的目标——全部满分，占据了莹莹学习和生活的每一时每一刻，甚至让她透不过气来地背负着这个包袱、顶着这个压力去备战考试。考场上的莹莹要比上课时的莹莹背负的压力更大。

这里要奉劝各位家长，期望孩子取得好成绩的心情是可以理解的，但是所设定的目标必须是根据孩子的身心发展特点和孩子的学习现状为依据的。家长不能一厢情愿地给孩子提出过高期望的目标，要给孩子留有自由呼吸的空气、富有弹性的生活空间，否则不但不利于孩子成绩的提高，反而让孩子身心俱疲，失去应该具有的信心和注意力。

一、降低期望：少攀比，别总说别人孩子好

家长对孩子的期望值要适当，多拿孩子的未来和孩子的过去、现在比较，少拿孩子的缺点和别人的长处比较。如果原来孩子的起点低，家长可以要求孩子保持所得到的成就，如果原来的起点高，就不能强求孩子"这次考100分，很好，下次还要保持，不能有失误！"一旦成功就不许再有失败，对孩子来说是一种很大的压力，这种期望常常适得其反。若是家长习惯于用别的孩子作为自己孩子学习的榜样，孩子就很容易在课堂上去关注"榜样"的一举一动，无时无刻不谨记家长的嘱咐——向他学习。这样一来，孩子又怎么能专心听课呢？

二、自由价更高：让孩子掌控自己生活

家长对孩子的厚望不仅体现在言语之中，也会表现在行动之上。常常看到这样的情景：家长每天守时地接送孩子，如影随形；全程监督孩子写作业，尽心尽力……将孩子生活和学习的方方面面都管理得滴水不漏，总是忘不了提醒孩子一句："你一定要努力，不要辜负我们对你的期望。"

对孩子来说，这种毫无自由的生活所带来的压力等同于成长的阻力。家长期望过高、学习负担过重、生活单调都会导致孩子厌学情绪日益严重。

所以，家长不妨反省一下自己的教育理念与管教方式，看看是否对孩子提出了不切实际的期望，让孩子活得身心疲惫？是否对孩子管教过多、让孩子失去自我？是否忘记在期望之中帮助孩子找到人生的志向、激励其发挥潜能？如果家长没有做好，家长就必须调整自己的期望值，多给孩子一些为自己设立期望、为自己提出目标、掌控自己生活的机会。这种发自内在的动力才最有效用，最能调动孩子的积极性，最能让孩子精力集中、坚持不懈。

29

杜绝家庭暴力，给孩子点温暖

　　智文妈妈是一位手工爱好者，总喜欢自己买些布料来缝制衣服。这天她为智文缝制了一件夏天的小短袖衫，高高兴兴地等着智文放学回来试一试。

　　"太难看了，我才不要穿呢！"谁知智文面对妈妈的劳动成果竟然是这样的反应。

　　"一点都不难看啊，天蓝色，多好看啊。"妈妈说道。

　　"天蓝色有什么用，衣服上居然有粉色的小花，我是男孩，我才不穿有小花的衣服呢！"智文抗议道。

　　"这点小花，谁能注意到，明天上学，校服里面就穿这个！"妈妈这个一家之主，哪会容忍一个10岁的孩子在自己面前说"不"。

　　"我就不穿！"智文丝毫不妥协，甚至一把将衣服摔在地上。

　　眼见自己辛辛苦苦缝制了一天的衣服被儿子这样不屑地扔在地上，妈妈的怒气平生，一把揪住智文的衣领："反了你了！给我捡起来！"

　　"我不捡，我不穿！"智文依旧抵抗。

　　啪！一记耳光不由分说地打在智文的脸上，智文顿时一愣，半天没反应过来。

　　"让你穿什么就穿什么，不听话就要挨揍！"妈妈捡起衣服，气呼呼地走了。

第二天，智文在妈妈的威逼之下穿着这件蓝底小花的衣服上学去了，一路上，他都高高地拉着校服的拉链，生怕露出一点点的小花出来。这天的天气突然热起来，同学们在教室里都脱去了校服，穿着里面的短袖衣服，可是智文不敢脱校服，只好强忍着让汗珠从脸上流到脖子里，渐渐湿透了后背。

上课时，智文热得坐立不安，完全听不进去老师所讲的课程，心里埋怨着不通人情的妈妈、霸道的妈妈、讨厌的妈妈，同时也惧怕妈妈对自己的打骂，至今仍然感觉到脸上一阵疼痛。想着想着，智文的心里很不是滋味，额头上的汗珠流过眼角时，带下来了几滴眼泪。

孩子的心里话

我怎么会有一个这样的妈妈，这么霸道、这么暴力，说骂我就骂我、说打我就打我。现在满脑子想的都是妈妈打我时的样子和这件难看的衣服的样子，根本进入不了学习的状态。学习不好的话，又要被妈妈打了。

家长该怎么办

有些家长本身就是喜怒无常的性格，对孩子的管教随心所欲，自己心情好、有时间的时候，就对孩子关爱有加，孩子也开开心心的；自己心情不好、工作或生活中遇到了挫折的时候，就拿孩子当出气筒，面对一个以大欺小、张口就骂、举手就打、以强凌弱的霸道家长，孩子弱小的心灵是多么恐惧、多么无所适从，怎会不胡思乱想。苏联教育家霍姆林斯基说："大声斥责，这是人们相处时缺乏修养的基本特征。凡是出现大声斥责的地方，粗鲁的行为和情感的冷漠也一并出现。大声斥责教育出来的孩子，失去了感觉他人最细腻情感的能力。他对周围的美视而不见、听而不闻，以至冷漠无情、毫无怜悯心，在他的行为中有时会出现最可怕的表现——残忍。"所以在教育孩子的过程中，家长一定要避免自己的情绪化伤害到无辜的孩子，给孩子带来不必要的烦恼。

一、语言暴力：家长走了嘴，孩子走了心

1.说得太刺耳

家长批评孩子的时候，时常会一时冲动、口不择言，以"作弊"、"耍赖"、"笨蛋"、"丢人"这些话指责孩子。这些语言就算是成人听来也太过刺耳，何况是自尊心较强、抗压能力较差的孩子。他听到家长对自己这般评价，如何能心平气和地接受批评指教呢？又怎么会不产生智文的那些想法，既怨恨家长又惧怕家长，心中所想所念的不是如何逃避家长、就是如何讨好家长，就连学习的时候也想着这些，何谈专心致志地听课写作业呢？

教育孩子没有必要用伤害孩子的语言让他印象深刻，想要让孩子领悟，绝不应该采用言语上的"当头一棒"，而应该采用那些温暖心灵、打开心扉的肺腑之言给孩子一次"醍醐灌顶"。

2.没话可说

"冷漠教育"也是语言暴力的一种，说出伤人的话与完全不说话同样会给孩子的心理造成无法估量的伤害。很多家长以为只要不骂孩子、不打孩子就不算是家庭暴力，可他们有所不知的：虽然孩子的身体没有伤痕，但他的心灵上所受的创伤却因这种彻底的"冷暴力"而隐痛万分。就像一个孩子所说："家长对我伤害最重的，不是什么话，而是没什么话。家里从来没有惊喜之类的事，死气沉沉的。"家长对孩子的冷漠会让孩子胡猜乱想：是不是我做错了什么事情？爸爸妈妈为什么不理我？他们是不是不喜欢我了？我难道不值得他们爱吗？思来想去，还是无法从家长的沉默中得到能打开心结的答案，需要孩子去集中注意思考的正经事自然就会被搁置一旁了。

这里要告诫家长，不要因为心情不好而对孩子冷脸相对，不要因为孩子年纪小而觉得话不投机，有时候也许是家长无心的一次不回应，却成为孩子一整天都无法安心学习的原因。家长要经常用言语温暖孩子的心灵、关心孩子的生活，有些事情，话说开了，孩子想通了，心里不再拥堵，注意力也就自然而然地集中了。

二、身体暴力：家长下了手，孩子伤了心

国外有调查显示，常被家长打的孩子智商发育会受到消极影响。他们很可能无法理解家长的良苦用心，从而产生仇恨或胆怯的情绪。这些不良情绪将对孩子的身心造成很大的伤害，损害孩子做其他事情的专注力。智文在上课时还不断回忆着妈妈打他时的表情和动作，那种痛觉真实地存在着，恐惧和怨恨充斥着他的内心，完全没办法听进去老师的话。

所以，那些习惯于用体罚代替教育的家长，请在盛怒之时三思而后行，想一想这一巴掌打下去，给孩子带来的会是什么，如果不打孩子，是否还有其他方法能够教育孩子、解决问题？当家长愿意用大脑思考问题而不是用拳脚思考问题之时，教育孩子、培养他的注意力其实没有那么困难复杂。

30

控制网游，使孩子生活更充实

情景
再现

亮亮是小学五年级的学生，上小学三年级之前，爸爸妈妈因为担心孩子会迷上游戏、影响学习，所以一直没有给他买计算机。但随着亮亮渐渐长大，妈妈又开始了新的担心：生活在缺乏计算机的家庭环境中，会让孩子跟其他同龄人失去共同话题。别人说什么他都不懂，也难免显得可怜，也许还会被人疏远。于是，本来手头不算宽裕的妈妈给亮亮买了一台计算机，初衷是让孩子看看新闻、学学英语，增长一下见识。刚开始两天，亮亮还能够专心地听从妈妈的指导，看新闻、听英语，不亦乐乎。

渐渐地，妈妈发现计算机也变了，亮亮也变了。计算机里平增了许多网页小游戏、单机小游戏、许多在线动画片、电视剧的网页地址……亮亮也从原来那个喜欢在外面玩个够再回家的孩子，变成了放学铃声一响，比谁跑得都快，一溜烟地冲进卧室，迫不及待地玩计算机的孩子。妈妈每次下班回来，都看到亮亮在如痴如醉地玩着游戏，而且除了对游戏专注之外，对家里的其他事情好像都没有兴趣，更别说专心学习了，就算是家里来了客人，甚至跟他打招呼说："亮亮，又玩什么呢？"他也似乎没听见一般，自顾自地玩着游戏，完全沉浸在自己的虚拟世界中。

"亮亮，你不能这样下去了！以后每天只许玩两个小时的计算机，不能因为玩计算机而耽误学习呀。"妈妈说道。

哪知亮亮的心里只有他的游戏，哪听得进去妈妈的劝导，晚上趁爸爸妈妈睡着之后，他偷偷地打开计算机，继续玩起来。第二天，睡眠不足的亮亮，一节课的时间里都要打盹好几次。和同学聊起游戏来头头是道，被老师提问之时却支支吾吾，注意力分散的问题极为明显。

孩子的心里话

妈妈早就应该给我买计算机了，同学们早就有计算机了，我要把我这几年没玩过的游戏全都玩一遍。趁着爸爸妈妈还不太管我玩计算机，我得抓紧时间玩呢。现在满脑子想的都是游戏里的事情，难道我是着魔了吗？

家长该怎么办

统计显示，全国共有3.38亿网民，其中1亿多人是小学生。这其中又有7.1%是"网瘾用户"，约5%是有网瘾倾向的孩子，多数"网瘾用户"是家里没有计算机的孩子。"网瘾"可以算是一种心理疾病，其低龄化趋势足以引起家长们的注意了。

一、孩子迷恋网游是因为孤独

一组调查数据显示，孩子迷恋上网、沉溺网游，首当其冲的原因是家长长期不在孩子身边，或是家长对孩子缺乏关心，很少与孩子沟通，更不能平等地与孩子交流，致使孩子感觉到孤独寂寞，有话不知道向谁倾诉，所以借助网络、寻求虚拟世界给自己带来的关心和刺激。归根结底，有网瘾的孩子都是孤独的孩子。

所以建议和孩子分居两地的家长应该每周定期主动给孩子打电话，交流沟通，让孩子感受到家长的关爱，排解寂寞之感。而且大量的个案研究显示，当遇到心理压力时，很多孩子都会陷入进去，拔不出来。这个时候进行劝说教育，往往也起不到什么效果。所以对于孩子的网瘾问题，家长不如先把它"冷冻"一段时间，其间可以鼓励孩子多走出去，和其他人一起到户外爬爬山、踢踢球、滑滑旱冰，不要整天待在家里。要通过一些社会文化活动转移孩子的注意力，避免让孩子陷入"无聊到非上网不可"的泥潭，帮助他摆脱生活和学习的压力，看得开一些，自然也就提升了专注力。

二、家长要掌握控制网游的策略

1.计算机不要放在孩子的房间里，应放置在家长容易看到的地方。

2.家长根据孩子的喜好，试着找找网上的热议话题，多和孩子交流，拉近距离，让孩子把心里的想法和困惑说出来，和他一起面对、一起解决。

3.家长可以和孩子一起商量选择那些既有趣又健康的游戏软件，安装过滤暴力、黄色内容的软件。

4.家长还可以与孩子一起约定上网的内容，警告孩子不得与网友谈论性的话题，不得讲黄色笑话，不得与异性网友私自约会。

5.家长与孩子协商上网的时间，把学习任务、游乐时间等合理分配，规定晚上做好作业后可以玩一个小时，如果超过时间，以后相应的几天就不能再玩。

6.家长可以在周末指定一本书，让孩子专心致志地阅读，看多少页书就玩多少分钟计算机。

7. 对过分迷恋上网的孩子要动之以情、晓之以理，及时进行教育疏导，转移他的兴趣，控制他的零花钱。

31

离异家长，多给孩子点关注

情景再现

小琴原本是个开朗的孩子，特别爱说爱笑。可最近一个月，老师打电话说："孩子跟变了个人一样，上课魂不守舍的。"邻居也说："小琴见面也不和我打招呼了，就像是没看到我一样。"这是为什么呢？小琴妈妈自然明白，因为小琴妈妈上个月跟小琴爸爸离婚了。

刚开始爸爸妈妈还担心小琴会对此反应敏感，但小琴没有哭闹，也没有说什么，妈妈以为她过些时间就会习惯这种单亲的生活。但离婚后的这一个月里，小琴明显不如以前爱动了。和她说话的时候，她两眼无神，上课也不能专心听讲，有时回家做作业，写着写着就停下笔，偷偷流眼泪。

看到小琴的这些表现，妈妈看在眼里，苦在心里。为此，妈妈和爸爸打电话谈了这件事情。爸爸也给小琴打了电话，告诉她：虽然爸爸妈妈离婚了，可爸爸还是爱你的，只要有时间，就回去看望你，带你出去玩。听到爸爸的声音，小琴的脸上又有了笑容。

可是，满怀希望的小琴在此后的几个星期里却没有见到来兑现诺言的爸爸，给爸爸打电话，爸爸就说工作忙，把带小琴出去玩的时间拖了又拖，小琴的脸上又开始布满了阴云。

又过了不到半年时间，一件事让小琴的心灵受到了更深的伤害。这天傍晚，妈妈下班回来，同楼的小玲告诉小琴妈妈说："阿姨，小琴今天在学校教室里哭了一个中午呢，都没有吃午饭。她说她爸今天结婚，在饭店请客。"妈妈回到家里，果真见到了双眼哭得红肿的小琴。母女俩心贴心地聊了好久，可是对见不到爸爸的小琴来说，妈妈再多的爱都于事无补，她想要的是完整的亲情。

孩子的心里话

我知道，爸爸妈妈离婚的事情，我阻止不了，只能接受。可是每次看到照片，看到穿过的衣服，都会想起很多往事，想到一家人在一起时的快乐，想到爸爸对我的爱。但这些都不存在了，上学的时候再也没有爸爸送我，放学的时候也没有爸爸接我，吃饭的时候，也没有爸爸替我夹菜。一想到爸爸总是不来见我，是不是不爱我了、不在乎我了，我就好伤心，哪有心情听什么课。做早操的时候，我边走边想怎么才能让爸爸回到我的生活中来，居然走到了别的班级的队伍里，发现怎么周围都没有认识的人，才知道自己走错了。

家长该怎么办

家长是孩子生活中的一部分，这一部分的异常注定会对孩子的学习和生活造成影响，至少在孩子注意力难以集中的因素中，离异家庭的孩子就比普通家庭的孩子多了一项烦恼。

那么，家长离婚后该怎么照顾孩子呢？离异家庭的孩子更需要来自家长双方的关心和照顾，绝不能因为父母离异而伤害孩子。

一、心态上多疏导、多调整

客观地说，家长离异的确会给孩子带来一定的影响。比如，孩子可能在一段时间内不愿向别人敞开心扉，心情长期压抑，就会产生心理疾病。但这种影响并非不可化解，对孩子进行有效及时的心理疏导是很有必要的。家长和老师可以经常主动地接近孩子，寻找一个容易开篇的话题，和孩子好好地谈心，使孩子心中有一种亲切感，让他乐于说出心里话，说出自己的伤心和忧愁、委屈和无奈，排除心中的烦恼，用正常饱满的情绪投入到学习和生活中去，不再因为自己身处离异家庭而胡思乱想、分心分神。

二、生活上多关心、多帮助

提醒那些离婚后不和孩子生活在一起的家长，婚姻走向破灭，但孩子依然是共同的孩子，一定要经常去看看孩子，不能因为感情破裂而形同陌路，放弃自己对于孩子以后的成长的责任和义务，不能像小琴爸爸那样半年都不和孩子见面。全家人每个星期聚餐一次是保持亲子关系的一个有效办法。家长也要尽可能创造条件，安排足够的时间和孩子单独见面，而且需要把探望孩子的时间安排得稍微有点弹性，以免万一有变化会让孩子失望，如果真的有什么事不能去看孩子，也要向孩子解释清楚、真诚地道歉。

三、学习上多辅导、多鼓励

学习成绩下降是家长离异后孩子短期内最明显的表现。如果不及时辅导和鼓励，孩子很容易会习惯这种对自己的放任，成绩也会越来越差，性格也容易变"野"。家长平时要帮助孩子解决学习中遇到的问题，解除孩子的顾虑，对孩子的点滴进步都要给予表扬、鼓励，帮助孩子树立起信心。

32

抵制诱惑，给孩子点延迟满足

情景再现

妈妈规定每天写完作业才能看动画片，可宇宇是个急性子，每次一动笔写作业的时候，就开始惦念起电视里的动画片了。"会不会提前播放？今天的剧情会是怎么样的？我想多看几集的话，妈妈会不会同意？"宇宇的心里一直想着这些问题。他的眼睛也不由自主地向漆黑一片的电视望去，眼神屡屡从作业本上飘忽而去。

"看你这心里长草的样子！"妈妈见状说道。

"我没，我没……"宇宇这才回过神来，慌忙解释。

"你没什么啊？你没专心写作业是不是？"妈妈说道。

"我写着呢。"宇宇说。

"都几点了，你还没写完，心里是不是一直想着看电视来着？我就不明白了，那些动画片为什么会有那么大的诱惑力，天天让你写作业时魂不守舍的。"妈妈颇烦恼地说。

"谁都知道动画片比作业有意思。"宇宇说道。

"要不你先让我看会儿电视，等一会儿动画片播完了，我再去写作业？"宇宇建议道。

"不行！赶紧写作业！什么时候写完什么时候开电视，你要是再敢三心二意的，今晚就没有动画片看了。"妈妈下了命令。

孩子的心里话

就让我先看一会儿电视怎么就不行了？反正我今晚肯定能写完作业，那么着急干什么呀？妈妈也太不讲理了，我只是"不小心"偷看了几眼电视，又不是故意不好好写作业的，对我至于那么严厉吗？

家长该怎么办

一、对孩子的要求实行"延迟满足"

其实孩子难抵诱惑的行为不能光怪孩子，毕竟孩子的思维很简单，总是只看到自己眼前的利益，忽视更高层次的目标。延迟满足是一种为了更有价值的长远结果而主动放弃即时满足的抉择取向。孩子在这种忍耐的过程中，明白"忍耐"是为了追求更大的目标，获得更大的享受，必须克制自己的欲望，放弃眼前的诱惑，所以这是提升孩子注意力的一个有效措施。实施延迟满足之时，家长要记住两个"不等于"：

1.延迟满足不等于所有要求都不满足

有些家长认为，只有严格执行"延迟满足"这一金律才对孩子的成长有帮助。殊不知，如果孩子总是被打击、被冷水淋了热心，失去了自信心，那么他做什么都会没有心劲，找不到值得坚持的目标，也就没有值得孩子去集中注意力解决的事情了。

所以，延迟满足不能滥用，它是一种解决问题的技巧，一种忍耐力的训练，而不是孩子的生活规范，不能适用到所有的事情中。面对林林总总的诱惑，孩子的心绪难安，家长要分清楚事情的轻重缓急，再去决定如何应对。那些无伤大雅、不会对孩子带来损失的事情，不妨让孩子得到满足，孩子享受到了被满足的快乐，也就能安心去做家长要求他做的事情了。所以宇宇妈妈这时候不妨先让孩子尝点甜头，让孩子看一会儿动画片其实并不会影响孩子写作业的进度，反而让宇宇可以玩得专心满意，学得专注有效。

2.延迟满足不等于任何事都让孩子最终如愿

既不能事事都让孩子一开始就遭遇挫折，同理也不能让孩子事事都最终如愿。延迟满足并不是包治百病的神药，有些地方可以用，有些地方不能用。那些会让孩子和别人受到伤害的事情，家长坚决不能满足孩子的要求，必须让他明白有些诱惑是有害的、危险的，不能被其迷惑，要懂得分辨、抵制。

二、延迟满足的具体实施方法

延迟满足的具体实施方法很简单，只有四个字：言而有信。延迟满足分为两个步骤：延迟和满足。延迟对孩子所提要求的满足，让孩子去忍耐，本身就是一种家长对孩子的许诺，也是亲子之间的合约。对孩子有所约束的同时也是对家长的约束，即孩子遵守了自己的承诺，做到了"延迟"，家长就绝不能食言反悔，必须做到"满足"。这种许诺，家长不只是在口头上说，更要在行动上去做，每一次都认真地执行所说出的话，才是重要的。孩子学会控制自己、服从家长的动力，并不是来自家长的"话"，而是来自家长的"行动"。比如，妈妈说："洗了手，才能吃点心。"孩子之所以会毫无异议地洗手，并不是因为家长的指令，而是因为过往的经验告诉他：以前洗了手，妈妈就会说到做到，给我点心吃，如果不洗手，妈妈是不会把点心拿出来的。

第五章
兴趣：注意力的指路明灯

　　兴趣是产生和保持注意力的主要条件之一。兴趣越浓，注意力越容易集中。虽然孩子的专注时间不会很长，可一旦遇到自己感兴趣的事物，他所投入的精力、感到的乐趣一定会比那些无趣的事物多。所以，家长必须注重掌握孩子的喜好差异，从孩子的反应中找出令他有兴趣的事物，因材施教地调动他的注意力。这一章针对注意力和兴趣的问题，进行着重分析。

33

因材施教，顺从心性找注意力

彬彬的爸爸是一个绘画爱好者，平常就喜欢画幅花鸟画、题首小诗，自得其乐。

这天，彬彬拿起爸爸的毛笔也在纸上花了几笔，正准备接着画的时候，爸爸看到了，"你的小草画得不错呀。"

"什么小草！我画的是冲击波！"彬彬解释道。

"冲击波？真有意思，用宣纸和毛笔画漫画吗？那画出来不成四不像了。"爸爸笑道，"我还是好好教你正宗的国画是怎么画的吧。"

以后的几天，只要爸爸有时间都会把彬彬叫到身边，教给他国画的笔法、用色、技巧，可是彬彬却听得心不在焉，总是打断爸爸的讲解。

"爸爸，晚上妈妈做的菜花炒肉太难吃了，是不是？"彬彬说道。

"我正在讲画树叶，你就扯到妈妈做的菜花上？能不能专心听讲？"爸爸略有不满。

"爸爸，你说《洛洛历险记》里谁最厉害？"彬彬又开始插话。

"我怎么知道，我都没看过，现在是学习画画的时间，别说那些无关的事情好吗？"爸爸警告道。

"哦，可是我不喜欢画国画啊，多无聊，不是花鸟树木就是山山水水的，我没兴趣，我还是喜欢看动画片。"彬彬噘着嘴说道。

"看动画片能有什么出息？学好国画，怎么着也算是一技之长啊，比你看一百部动画片都有意义。"爸爸教育道。

彬彬摇了摇头，但迫于爸爸的权威，只好继续左耳进右耳出地听着爸爸那些细致入微的讲解。

孩子的心里话

我不感兴趣的事情，就是硬要我坐在那里听，我也听不进去啊。我就是觉得国画没意思嘛，我也根本不是画国画的材料，何苦为难我呢？

家长该怎么办

在培养孩子的兴趣爱好之时，家长不能简单地照搬照抄、随波逐流，而需要根据孩子自身的特点进行兴趣引导、因材施教，才能事半功倍。作为家长如何做到因材施教呢？那就是要善于发现孩子对什么事情感兴趣、愿意投入精力去做，面对自己暂时不能理解和无法接受的兴趣，家长要学会尊重和欣赏孩子的意愿，这样才能顺势而为地正确引导，使其发展成为一种能够集中注意力去做的能力。而不应该像彬彬爸爸一样，在孩子说出了对动画片感兴趣、对国画不感兴趣之后，还打压孩子看动画片的行为，强制孩子去学习国画，这只会让孩子浪费了时间、分散了注意力，还学不到知识。倒不如顺着彬彬喜欢看动画片的行为，去引导他学习简笔画、蜡笔画。等孩子爱上了绘画、学会了绘画，再去顺其自然地教授他国画也就不那么难了。

因材施教，注重激发孩子兴趣的方法

兴趣是最好的老师，想要开发孩子的多种潜能，孩子的兴趣培养方法不可千篇一律。作为家长，应当做到的就是尊重孩子的兴趣爱好，并使之得到适当的满足。就算是孩子的"兴趣爱好"在家长眼中看来是那么的微不足道，只是"贪玩"而已，也不应该盲目地打压阻止，那样很可能会抹杀了孩子自行探索和前进的可能性。

如果孩子对家长想要他学习的东西不是十分积极，家长应该如何"扶孩

子一把"呢？对于不同性格的孩子，要用不同的对策，这样才能提升其注意力，培养孩子的兴趣。这里从绘画和学习两个方面举例，建议家长做好以下几个方面的工作：

1.培养孩子绘画的兴趣

对好动的孩子用手工激发法：孩子都喜欢玩耍，引导孩子学习绘画的第一步就是让孩子先从玩开始，让他玩出花样、玩出美感、玩出兴趣来。爱玩泥、爱撕纸是孩子的天性，所以家长可以从动手出发，借助泥工、纸工活动去激发孩子的绘画天赋。孩子在捏泥、撕纸、折纸、粘贴的活动中，还能获得对物体的感知，在玩的过程中提高对以后学习绘画时表现该类物体的形象感。

对想象力丰富孩子用童话激发法：孩子的世界是充满天真、纯洁的世界，用童话的语言指导孩子不断提高绘画水平，是孩子容易理解和乐于接受的方式。童话式的评语还能对孩子的每一点发现、创造和进步给予温馨的表扬、肯定，增强孩子的自信心。孩子有信心去做的事情，就会做得更好、更专注，走得更远、更有前途。

对求知欲强孩子用经验激发法：孩子学习绘画的过程中都有这样的经历，往往画什么东西都是一个模样，几乎看不出个别的形象差别，很难突破自己。换句话说，孩子在画画时，容易在一段时间内形成一种固化的概念。这自然会影响绘画水平的提高，久而久之，还可能影响孩子的注意力，让他们有懒得再画的感觉。对于这样的孩子，需要的不是鼓励和督促，而是实实在在的帮助——增长见识、扩大视野、丰富生活经验。孩子接触到了新事物，才能画出新事物，孩子学会了新知识，才能运用新知识，想要让绘画能力有所突破，必须让孩子不断补充新鲜的血液。

2.培养孩子学习的兴趣

对爱问"为什么"的孩子用好奇激发法：年纪小小的孩子都会对未知的事物表现出十足的好奇，好像他们有永远都问不完的"为什么"一样，不仅是追着家长和老师刨根问底儿地找答案，孩子还经常做出"捣乱"的行为来自己去找寻答案。

面对孩子的好奇，家长应该如何对待呢？正常的好奇需要家长的支持，淘气的好奇需要家长的引导。对孩子的提问，家长要及时回答，遇到不会的知识，也可以教会孩子如何自行查询。家长还可以让孩子参加各种兴趣班、活动小组、外出郊游、参加社会实践活动等，让孩子在活动中通过发现问题、产生好奇心，来保持有效的注意力。有的家长担心孩子原本的学习动力就不足，连学校里的课程都不愿意认真听，又怎么会愿意分散更多的精力去参加其他的活动呢？这种想法恰恰造成孩子失去了引发学习兴趣的好机会，家长要明白：杜绝了"激发其他事情的好奇心"这扇门，孩子未必就一定要进"专心学习"这扇窗。

易受感染的孩子的环境激发法：营造一个良好的学习氛围对孩子来说很重要。试想，如果家长的休闲生活是一杯清茶、一本书，孩子耳濡目染，也会经常看书、学习。家长也需要多给孩子买一些通俗的文学名著以及一些激发孩子想象力与创造力的书，如童话、寓言、科幻小说等，让孩子身处一个知识的海洋中，总有那么几本书能够引发孩子读下去的兴趣。环境激发法的另一个方面，就是给孩子一个安静的学习环境，喜静的孩子才能在这样的环境中安心地做自己感兴趣的事情。家长还要让孩子多与爱学习的小朋友相接触，促进孩子对学习产生兴趣。

对性格活泼的孩子用快感激发法：著名物理学家杨振宁曾说过，他不赞成有人说他是"刻苦"学习的，因为他在学习中从没感到"苦"，相反，他体会到的是无穷的"乐"。所以家长在督促孩子学习的时候，要善于发现每个孩子的优点、用表扬和激励去让孩子感受学习的成就感和快乐。

有志少年的目的激发法：经验证明：确立学习目的的教育应该联系孩子的思想认识和实际情况，并通过生动形象、富有感染力的事例，采用多种多样的形式，把学习目的与生活目的联系起来，这样才能有效地激发孩子的学习兴趣，让他乐于全力以赴地专注于此。假如孩子对阅读课文不感兴趣，但却对向别人讲述故事非常有积极性，家长就可以利用这种目的去激励孩子认真阅读课文，增加自己的词汇量和语言组织能力，使得自己的表达能力能够大大提高。

34

准许尝试，别让分数阻挠兴趣

情景
再现

伊莉这次期末考试没有考好，拿着画着好几个红叉的试卷，慢悠悠地走在回家的路上。

"真希望这条路能一直走下去啊，因为一旦走到家里，我就要被妈妈批评了。"伊莉心怀忐忑地想着。

走到家门口，她迟迟不敢敲门，正好妈妈从里面打开了门，"你怎么才回来？我正要去找你呢。"

伊莉没有作声，进屋换了拖鞋，就坐在椅子上低着头。

"期末成绩出来了吧？给我看看。"妈妈急切地问道。

伊莉极不情愿地掏出成绩单递给妈妈。

"什么？怎么这么低？卷子给我，我看看是哪里出了问题。"妈妈皱着眉头说。

伊莉递过去了试卷，静静地等着一会儿即将来临的暴风骤雨。

"你看看，这道题多简单，应该错吗？还有这道题，简直是白给分的。你天天上学都学什么了啊？"妈妈一句接一句地批评道。

伊莉仍然默不作声，生怕自己辩解一句就会招致妈妈更多的责骂。

"我看你一定是平常学习不够专心，上课都没有集中注意力听讲，是不是？一定是考试前准备班会的节目，所以没有复习到位是不是？我看你以后也别去和同学一起排练节目、去跳舞了，把学业都荒废了，跳得再好也没用。"妈妈说道。

一听见妈妈不让自己去跳舞，伊莉再也无法沉默下去了，"我喜欢跳舞，为什么不让我跳舞。"

"跳舞影响学习，你这期末考试成绩就是最好的证明。"妈妈说道。

"才不会呢，我会努力学习的，但是我也不会放弃跳舞。"伊莉力争着。

"我说不许跳就不许跳，以后放学直接回家，哪里也不许去！"妈妈的命令没有一丝回旋的余地。

孩子的心里话

凭什么不让我去跳舞呀？我还想做班里的文艺委员呢。老师都说我们要德智体美劳全面发展，妈妈却只看重我的学习成绩，她太霸道了。

家长该怎么办

一、考试、分数，不能让孩子产生学习的兴趣

调查显示，儿童的幸福指数呈现倒金字塔形，年龄越大越感到痛苦，知识越多越远离快乐。幼儿园的孩子最幸福，小学生其次，初、高中生最不幸福。这一现象也旁证出了：孩子越"专心"学习，就越容易远离自己的兴趣爱好。家长和老师在分数上提出的要求越多，孩子的压力越大，反而不能对学习产生兴趣，加以专注。那么，不再需要重视分数了吗？分数当然要重视，但不能过多强求，应该让分数回到考试的初衷上去，即考出来的分数不

是为了评定孩子的优劣，而是为了老师方便把握教学进度，掌握每个学生的情况，因材施教，促进提高。所以家长绝不能因为追求成绩、重视考试，而忽视了培养孩子的兴趣，让孩子失去作为一个儿童的乐趣。伊莉妈妈非常需要改变自己的观念和看法了，如果她继续这么"教育"孩子，伊莉很可能会变成一个情绪低落甚至叛逆的孩子，反而不会听妈妈的话去专心学习了。

二、给孩子尝试的机会，去享受兴趣中的乐趣

既然无须用分数去捆绑孩子的童年，那么就应该让孩子享受真正的童年，但这样的童年并不是放养孩子。既不是让孩子闲在家里无所事事，也不是让孩子出去疯玩，而是给孩子选择、尝试自己兴趣爱好的机会。家长给孩子发展兴趣的机会要实打实的，而不是作为提高孩子学习成绩的一种手段和策略。不要把本来就属于孩子的机会作为"恩赐"来要挟孩子去好好学习，而应该尊重孩子的选择。要利用生活中的点点滴滴，在孩子感兴趣的事情上，用真心的支持和引导让孩子得到锻炼、享受乐趣。这样的家长孩子才会从心眼里相信你、尊重你，孩子注意力的培养也就水到渠成了。

35

一同成长，做"好问"的家长

情景再现

欣然上小学三年级的时候，小区里开办兴趣班，她非常想报古筝班，爸爸妈妈都很支持她，但他们心里清楚女儿不一定能吃得了那个苦。

果然，两个星期后，欣然苦着脸对妈妈说："妈妈，兴趣班的古筝和电视里的不一样啊。"

"怎么个不一样呢？"妈妈问道。

"电视里的古筝听起来很好听，看她们弹起来也很简单啊，可是为什么我学起来却这么费劲呢。老师让我们整天练习指法，我都听腻了，我的手指也都又酸又疼了。"欣然不断地诉着苦。

"古筝练习需要的是熟能生巧，这样闭上眼睛也能轻松演奏。"妈妈笑着对欣然说。

"可是我，我不想学了。"欣然说道。

"不如这样吧，你回到家里，把上课学的知识教给我如何？你就是妈妈的小老师，这样的话，有什么问题咱们也可以一起解决啊。"妈妈的提议不错，欣然同意了。

在鼓励女儿加把劲儿的同时，妈妈还特意为欣然买了古筝，母女俩一起练习，一起交流。一个月后，欣然的指法大有进步，在兴趣班的会演上，欣然的表现也非常不错。

孩子的心里话

自从有了妈妈和我一起练习古筝之后，我真的成了妈妈的小老师。她有什么不会的地方都要来问我呢。我好像做了一件什么很了不起的事一样，上课时也能认真听老师讲课了，因为家里还有个"学生"等着我去教呢。

家长该怎么办

培养孩子的注意力要讲求方法，不是光教育、光督促就能够让孩子持之以恒地发展他的兴趣爱好的。孩子就是一面镜子，家长笑他就笑，家长训斥他他也就郁闷不乐；家长引导孩子探索，孩子也就成了一个天生的探索者；家长陪着孩子一起克服困难，孩子才能不畏惧困难；家长与孩子一起成长，孩子才能健康地成长。到底怎么才能很好地陪伴孩子一同成长、见证其注意力的节节提高呢？家长需要做好以下几个方面的工作：

一、拿出行动帮孩子一把

一个好汉三个帮，孩子的兴趣培养同样需要家长的帮扶。任何一件事情，孩子刚开始可能持有浓厚的兴趣，可是时间一长，接触得多了、认识得深了，就会或是感觉枯燥乏味，或是觉得难以掌控。这时就需要家长的支持鼓励，特别是在孩子遇到困难时，要和孩子一起去克服、渡过难关，给予孩子实际意义上的帮助，教会他如何战胜困难，使他能顺利而健康地成长起来。

就像是欣然的故事一样，妈妈面对欣然的诉苦，没有斥责，没有长篇累牍的教导，也没有只是嘴上说说"我理解你，你要更努力，不要怕困难"之类不痛不痒的话，而是用自己的实际行动——一起学习古筝，甚至让女儿做自己的老师，自始至终地来帮助欣然一起面对学习过程中的阻碍，用行动化解了女儿的疑问和顾虑，给欣然提供了上课认真听课、集中注意力的动力之源。

二、告诉孩子：我们一起找答案

孩子有时候注意力不够集中，可能是因为太过孤单的缘故，一个人面对一件事，甚至很多件事，难免会在自己的世界里胡思乱想，将注意力划分为无数个小块，最终涣散成一盘散沙。如果孩子的身边能有个人陪伴，或是一起协作寻找解决问题的方法，一起集中注意力去做这件事，孩子又怎么能轻易分心呢？所以在教育孩子过程中，家长一定要参与进去。

比如，孩子看书看得心不在焉的时候，家长可以告诉孩子："我们一起来看吧。"和孩子一起看书，可以培养孩子的观察力，消解他的烦躁情绪，对培养孩子专注力也很有好处。孩子玩拼图没有思路、转而关注其他事物的时候，家长可以告诉孩子："我们一起来拼吧。"相互协作、相互帮助可以降低拼图的难度、增加趣味性，培养孩子的手眼协调能力、观察能力和专注能力。

更多的情况是，孩子们会在日常生活中产生很多疑问、提出很多问题，这些似是而非、似懂非懂的事情，急需家长来解释。家长是应该直接给出答案，还是回应以"我也不知道"就不了了之呢？家长应该在孩子的生活中成为一个引导者，将教育模式从"孩子问、家长讲"转换为"孩子问，家长帮"，要给孩子创设一种鼓励提问的氛围，不管家长是忙、是闲，都要认真对待孩子的每一次提问，不妨加上一句："让我们一起来寻求答案吧！"既让孩子有所依靠、不因为困难而失去好奇心，又鼓励孩子通过自己的主动探索找到答案、不完全依赖他人的指点。

36

要孩子有持久兴趣，表扬、鼓励、激励不可少

情景再现

　　舒舒从小就喜欢看英语教学的光盘，上了小学之后，禁不住舒舒的软磨硬泡，妈妈只好为他报了英语学习班。

　　但是听别人说英语和自己亲口说英语完全是两码事，明明觉得很简单的单词，可是到了自己的嘴里再读出来竟然完全变了味，这让舒舒对于自己选择的兴趣有点失望。

　　"你的英语说得好生硬啊。一点都不好听，难道老师就是这么发音的吗？"妈妈听到舒舒可笑的发音之后，有些冷嘲热讽地说。

　　"老师说得挺好，可我就是说不好，有些发音真的好难，和汉语一点都不一样。"舒舒诉苦道。

　　"要是和汉语一样，谁还用花着额外的钱去学英语呀。你还是再努力一些吧，多练习一下发音，把你的舌头该卷的时候卷起来。"妈妈说道。

于是，舒舒每天都勤加练习，大声地朗读着英语单词，一遍又一遍，但是起色并不大。

"吵死人了。"舒舒的英语在妈妈听来就是噪声。

"是你让我多练习的。"舒舒说道。

"看来你真不是学英语的材料啊，别浪费时间了，还是把语文数学学好吧。"妈妈说。

自从被妈妈打击了学英语的积极性和自信心后，舒舒就连在学校上英语课都没有从前那么认真了。不是上课的时候东张西望，就是糊里糊涂地忘记了老师留的作业，英语成绩一落千丈。

孩子的心里话

我小时候很喜欢英语的，那时候认识很多英语单词，妈妈还夸我聪明呢。现在为什么说我不是学英语的材料了，真是郁闷啊。现在上课时也听不进去英语老师讲的内容了，我真的是学不好英语吗？

家长该怎么办

一、谁都喜欢听"好话"

舒舒是真的学不好英语吗？答案是不尽然的。舒舒之所以英语成绩下降了，和妈妈的"冷嘲热讽"关系密切。舒舒在学英语的时候遇到了挫折，但他并没有像其他孩子一样越挫越勇，而是士气低落、渐渐放弃了自己的兴趣，正是因为妈妈的不断打击。

一些孩子由于学习不好，所以经常让家长和老师感觉很头疼，难免说出一些伤害孩子的话、给孩子脸色看，这给孩子造成了许许多多的压力。个性好强的孩子，常常破罐子破摔，与大人对抗；而生性内向的孩子，会因为得不到赏识而表现出自卑情绪。最终造成家长越说孩子，孩子越不上进，家长越瞧不起孩子，孩子越失去信心的结果。

数子十过，不如赞子一长。谁都喜欢听"好话"，孩子更是如此。心理学研究表明，成人做事时更多的是依赖一种选择的智慧及与人沟通的能力，而儿童更多的是靠他人的鼓励而建立起来的自尊、自信和自我价值。无论在学习上、还是生活上，一个对自己充满信心的孩子，一定会秉持目标昂首前进，一个能够被别人尊重的孩子，一定能稳健地成长，理智对待环境中的种种困难。而且能够从赏识教育中获得收益的不仅是孩子，还有家长。家长能借着鼓励的过程增进亲子关系，通过这样愉快的交流更加了解和理解自己的孩子。所以家长必须明确，表扬和鼓励能发挥孩子的积极因素，值得大力提倡。在教育孩子的过程中，应该尽量采用多表扬奖励、少批评惩罚的方法来增添孩子的学习兴趣，从而提高孩子的专心度。

二、怎样表扬、鼓励、激励孩子

那么家长应当怎样表扬孩子呢？以下几个方面，家长要尽可能注意：

1. 多精神、少物质

精神奖励不言而喻，那么可不可以给予一些物质奖励呢？当然可以。但在给孩子物质奖时，家长必须向孩子说明：这是家长对他的关心和爱护，应该再接再厉，取得更好的成绩，绝不能以此作为追求目标。尤其要注意避免那种以考试分数划分奖励金钱额度的做法，比如90分以上给多少钱、满分给多少钱。实践证明，这样的奖励方式在刚开始时可能会见效明显，但是孩子的实际能力摆在那里，就算是金钱诱惑也难以使之提升，孩子会走向两个方向，一个是顺其自然、不屑于家长的那点奖励，一个是借着分数和家长讨价还价，学习反而退步了。给予孩子物质鼓励之时，倒不如把那些本来就属于孩子的东西作为奖品，比如想要让孩子按时完成兴趣班的作业，家长不但要从言语上加以鼓励，还可以提醒他："今天晚上只花一个小时就能完成作业的话，就会剩下很多时间可以用来看动画片呢。"

2. 要恰当、要及时

家长对孩子的表扬一定要恰如其分，不宜过多，否则会助长孩子的骄傲情绪和虚荣心。此外还有一层意思是：奖励的话语和内容要因人而异。对于胆小、懦弱、能力差的孩子，家长可以多当众表扬和鼓励，增强他的信心，这样可能会收到更好的效果；对于比较自负的孩子就不宜过多夸奖，而要借助他对自己的信心、不断向他提出更高的要求。再者，家长发现孩子的优点和成绩后，应该及时表扬，因为在孩子的心目中，事情的因果关系是紧密联系在一起的。如果表扬来得太晚，孩子会弄不清楚为什么会被表扬，以致对这个表扬的印象不够深刻，无法借助它去强化注意力集中的行为。

3.重过程、要具体

表扬和鼓励并不是简单地说说话，要讲求方式方法。家长表扬孩子不仅要看到孩子做得好的结果，更要看见孩子努力付出的过程。孩子经常会"好心"办了"坏事"，这时家长不分青红皂白一顿批评，孩子也许就对此失去了兴趣和信心，同时失去了对这件事的关注。如果家长先把那些并不严重的后果放置一旁，冷静地对孩子说："你想自己做事很好，但这里面还有很多东西要学，不如让我来教教你。"孩子的心情就得以放松，不再纠结于被惩罚的恐惧之中，不仅愿意全心全意地去尝试自己喜欢的事，还会非常乐意帮助家长做事，进一步证明自己的能力。再者，表扬的内容要具体一些。与其说"你很专心"，不如说"你作业写得很不错，一个字都没有写错，算数也是一次就算对了的，注意力很集中才能做到这些呀。"调查发现，家长表扬得越具体，孩子越容易明白哪些是好的行为，越容易找准努力的方向，自然心无旁骛，专注力就会在不经意中得到提升。

37

全力以赴，毅力成就注意力

情景
再现

潇潇做事情总是半途而废，就连他最喜欢的篮球，他也没能够坚持下来。

"爸爸，我不想去学习篮球了。"潇潇士气低落地说。

"为什么呀？学得好好的，为什么突然不想学了？"爸爸觉得很奇怪。

"什么叫学得好好的，根本就是学得一点都不好嘛，我原本是很喜欢看篮球比赛的，可是自己一上场的时候，根本不一样，三分球投不中，抢球也抢不到，总是在比赛里表现得最差劲的那个。"潇潇大吐苦水。

"刚学习的时候，是会遇到一点困难啊，谁也不是天生拿起篮球就能投中的。准确率不行就多练习，抢球抢不过就多锻炼一下力量，怎么能遇到点问题就退缩呢。"爸爸说道。

"我根本不是打篮球的材料啊。"潇潇还在为自己解释。

"刚学习一个月，不能下这样的结论。我看啊，还是你上课和比赛时不够专心，是不是注意力不集中，所以才投不中，被别人抢了球的？"爸爸问道。

潇潇撇了撇嘴，默认了爸爸的猜测。

事实确实如此，潇潇上课的时候虽然满心欢喜，可却按捺不住激动的心情，总是对老师所讲的内容一知半解便急于尝试，比赛时也是急于展示自己，很少去和队友相互配合，球刚到手，不是急忙投篮、生怕错失机会，就是准备自己带球上篮、不理会队友的传球要求，反而屡屡投不中。一次次的挫折下来，潇潇的兴趣也一点点地被打击着，让他萌生了放弃学习的念头。

孩子的心里话

原本我以为打篮球挺简单的，只要身高足够就没有问题，谁想到还有这么多的技巧在里面，好难啊，真的很想放弃。刚开始的时候，是因为太喜欢、太激动，所以没全力以赴地学习，现在是因为失误太多、困难太多，而没有了学下去的动力和毅力，上课时也三心二意了。我该继续学下去吗？

家长该怎么办

一、全力以赴、坚持到底的兴趣更有效力

潇潇应该继续学下去吗？答案是肯定的。就像潇潇爸爸所言："怎么能遇到点问题就退缩呢。"潇潇在学习和比赛的时候没有集中注意力，没有全力以赴，所以才让兴趣变得没有乐趣，难以坚持。调查证明，没有用尽全力、缺乏毅力是失败者的共同弱点。

从事任何事情，毅力都是一个不可缺少的因素，是走向成功的支撑力。对孩子而言更是如此，孩子的潜力无限、他所表现出来的能力往往只是冰山一角，只有百折不挠的毅力才能激发出其潜在的能力，让孩子的兴趣变成志趣，走得更高更远、对生活和学习更有助益。毅力可以说是在强烈欲望的激励下存在着的一种坚强的意志，微弱的欲望产生微弱的意志，微弱的意志带来微弱的成果，正如微火只能烘暖你的手一样。当坚强的意志和强烈的欲望相结合之时，它们就会形成一股所向披靡的力量，让孩子能够全神贯注地做自己感兴趣的事情，即使遇到困难，也能披荆斩棘，不断克服阻力，勇往直

前，直到实现他的目标为止。

二、培养毅力，成就注意力

毅力不占据孩子的心灵，散漫就会来占领。凡是习惯于轻言放弃的人，注意力分散的坏习惯就会挥之不去；而每次都付之以全力去完成任务的人，成功也就会找上他，两者的道理是相通的。毅力和注意力一样，都不是与生俱来的，如果家长发现孩子缺乏坚毅的精神，从事一件事，先是失去了信心，而后失去了注意力，最后完全丧失了兴趣，总是叫苦连天、半途而废，那么补救这个缺点的方法就是在孩子从事兴趣爱好之时，在其求知欲和求胜欲下面帮他挖掘出更深远的毅力来。毅力是一种心理状态，它是能够培养的。

毅力的培养需要有明确的动机为基础。这些动机包括：

1.明确的目标

让孩子知道自己所希望的是什么，自己所需要的是什么，这是培养毅力的第一步，也是极为重要的一步。目标的明确与否，是让毅力去成就注意力这件事能否收效的一个重要条件。

2.持续的欲望

大的目标可以细分成小的欲望，满足了一个欲望，就算是实现了一个目标。如果孩子坚持兴趣的欲望强烈且持续，得到和保持做事的毅力就比较容易。

3.周密的计划

有组织的计划可以让事情变得有条理、有可行性，让毅力能够有条不紊地持续下去。有时候即使孩子所列出的计划是有缺陷的、不完善的，但仍然对毅力起到了支持作用。

4.适时的自我鼓励

做一件事情，毅力的强弱往往受到事情难度的影响，即使一开始孩子壮志踌躇、欲望强烈，也很有可能被现实中的挫折所打击，让毅力有所消减。就像是对于恐惧，人们可以凭借强制的勇敢行为来克服一样，遇到阻碍之时，家长必须教会孩子要在困难出现伊始就为自己加油打气，相信自己有能力实现这个计划，这样才能激励自己专心致志地克服现实计划中的任何困难，不逃避、不放弃。

第六章
运动：运动能促进集中注意力

越来越多的证据显示运动除了有益身体健康之外，还能够起到健脑的作用，它是保持大脑健康、头脑清晰的有效办法之一。体育运动还能够加快新陈代谢的速度，降低压力，让人感到愉悦，有助孩子集中注意力。美国伊利诺伊大学的科研人员发现，刚参加完体育运动的孩子不容易受噪声等因素的影响，能更好地分配注意力资源。最重要的是每项体育运动都是一个持之以恒的过程，在锻炼之中，孩子就能学会如何集中注意力，从运动中得到的专注力也可以适用到学习和生活中去。这对孩子来说意义非凡。所以单独列出一个章节来为家长推荐各种有助于提高孩子注意力的体育运动，希望每个孩子都是全面发展的能手。

38

跳绳，躲避中的注意力

情景
再现

　　瑶瑶和妈妈逛街归来，走在回家的路上，这时正值下班高峰期，车水马龙，好不热闹。

　　"瑶瑶，看车！"妈妈一声疾呼。

　　瑶瑶这才发现自己走在了行车道上，身边几辆汽车飞驰而过，刚才她正想着回家写作业的事情，不知不觉就走歪了路线，差一点发生危险。

　　"走路的时候能不能专心一点，多危险啊。"妈妈担心地批评。

　　"知道啦，我下回会看着点的。"瑶瑶说道。

　　没一会儿，她们到了十字路口，准备过马路。

　　"瑶瑶，别动，现在是红灯，没看到吗？"妈妈不禁又得提醒女儿。

　　瑶瑶抬头一看，果真对面的红绿灯那里亮起来的是红灯，她急忙收回了踩在斑马线上的脚。

　　"你急什么啊？走路不专心，过马路时也魂不守舍，让我以后怎么放心你一个人出来？"妈妈嗔怪道。

　　"我看到啦，不用你一直说。"瑶瑶被妈妈在众人面前批评，心里也不舒服。

　　"都变绿灯了，你怎么还不走？"妈妈指着对面的绿灯说道。

瑶瑶赶紧三步并作两步地过马路，省得妈妈再发牢骚。

孩子的心里话

妈妈真是啰唆，人家走个路都要管这管那。我只是心里想点事情，所以没专心走路而已嘛。就算是走在了机动车道上，那些汽车也会躲着我开吧，担心什么呢。

家长该怎么办

一、跳绳和注意力

人是通过人的感觉输入、中枢整合和运动控制这三个环节来达到维持人体平衡的。其中前庭系统、视觉调节系统、身体本体感觉系统、大脑平衡反射调节系统、小脑共济协调系统以及肢体肌群的力量都在维持人体平衡功能之中发挥着重要的作用。

研究发现，大多数注意力较差的孩子在上述调节功能上均呈现出不同程度的发育不良。瑶瑶就是一个例子，走路的时候不够专心，不是从行人道上走到行车道上，就是对红绿灯的变换不够敏感，不是不加反应就是反应较慢，她的注意力问题很可能与其身体中各项系统的发育不良有关，比如视觉调节系统、小脑共济协调系统等。

所以为了帮助孩子提高注意力，家长就可以从训练这些系统功能入手。跳绳就是其中的一种不错的训练方式。跳绳是一项能起到综合锻炼效果的运动，同时兼顾了弹跳、节奏、协调、心肺功能等多项能力的提高，从而加强孩子的专注力。这是一种躲避中的注意力，可以让孩子把注意力集中在移动的物体和自身的关系上，集中在"它来了"、"它走了"、"不能让它碰到脚"之上。而且跳绳操作简单、易行易练，对于孩子来说，是度过课余时间和户外活动中一项不错的内容。

二、如何通过跳绳训练提高孩子的注意力

1.正确的手脚动作

很多孩子不喜欢跳绳，是因为觉得跳完之后，手臂和脚部很酸痛，其实这是由于他们不正确的手脚动作造成的。手心朝上、大幅度摇动小臂才会让人觉得酸累。跳绳的时候，两眼直视前方5米处，身体要挺直、昂首挺胸，但不要僵硬机械。跳绳时，主要应该是手腕去用力摇动跳绳，要有意识将双臂往里收，但无须太过紧张，这样不仅能够节省体力，而且可以轻轻松松跳上几百个也不容易觉得累。正确的手部动作是手心朝下，尽量向下或者相对，这样便于手腕发力；两只手臂自然下垂到胯部，手臂不要向两侧张开，两手放置在略微比身体靠前的地方，向后跳时两手略往后靠，这样能在手腕处积聚起手臂的全部力量，使其爆发出去。

脚部动作同样重要。一些孩子习惯在跳绳的时候用脚后跟着地，长时间这样跳跃会损伤大脑、脚踝和脊柱等，是不正确的落地方式，不但无法锻炼相应的肢体部位，甚至会造成隐性的运动伤害。正确的方式是起跳和落地都用前脚掌，同时要避免跳起后两脚往前伸；当跃起时，要成为自然弯曲的姿势，不要极度弯曲身体。

2.教孩子循序渐进学跳绳

孩子良好的协调性能够促进他的注意力提升，但孩子的协调性往往都是在不断的训练之中得以提高的，需要一个循序渐进的过程。有的孩子之所以跳不好跳绳，经常发生绳子到了脚边却还没有起跳，或者绳子还没有落在脚边就抢先起跳的情况，是因为孩子没有掌握跳绳时的节奏，不能将自己的手脚协调成一致的节奏。对此，家长应该对孩子进行分步训练，分解了孩子学跳绳的难度，强化了跳绳时的节奏感，一点点地去让孩子的手能跟上脚、脚能配合手，达到一种融为一体的状态，孩子学习跳绳就容易多了。

39

舞蹈，连贯中的注意力

今天雯雯代表班级参加学校的演讲比赛，她既紧张又期待。

妈妈不断为她打气："相信自己，你一定能表现得很好的，这篇文章你在家里背得很好，在台上一定能够演讲得更好！"

主持人报了雯雯的名字，雯雯心里十分忐忑地走上了演讲台，面对着台下座无虚席的同学和老师，她手握着话筒，手心不断地冒着汗。这是她第一次参与这种"大场面"，不免有点紧张。

"我是五年级二班的简雯雯，我要演讲的题目是"我们应该怎么度过六一儿童节"……"雯雯一字一句地演讲起来。

"……儿童节不仅仅是儿童的节日，也是曾经的儿童的节日，因为每个人都有一份童心，即使是爸爸妈妈、爷爷奶奶也需要一个儿童节来让自己重返童年、享受快乐……"雯雯刚开始的时候，言语和表情还算是表达得行云流水。可当学校的老师将摄影机对准自己去录像的时候，雯雯面对着那个一直亮着的红色的微小灯光，不禁紧张起来。

"……我们、我们……"雯雯突然大脑一片空白，就像是自己已经背得滚瓜烂熟的那些文字瞬间被台下一双双关注的眼睛、摄影机上的红灯吸走了一样，她竟然不知道下面要说什么了，一时语塞，尴尬地站在台上。

幸亏离她不远处的班主任适时提醒，"我们不能虚度时光。"

雯雯这才想起了下面的内容，继续演讲道："我们不能虚度时光，五光十色的玩具、色彩缤纷的食物并不是唯一能让儿童节变得快乐的东西……"

一场演讲下来，除了中间的这一次忘词，也还算是顺畅，雯雯的后背早已因为高度紧张和一时尴尬而湿透了一大片。演讲结束时，伴随着台下热烈的掌声，雯雯走下台来，抑制不住地流下了眼泪，这眼泪中有高兴，也有惭愧，更有对自己的失望。

孩子的心里话

今天真是好丢人啊，当着这么多的人，我居然忘词了，幸好有老师提醒一下，要不然我一定会急哭在台上的。背得那么熟练的文章怎么会突然忘词呢？一定是因为我的注意力不集中吧，不是去看台下的老师，就是去看台下的同学，要不然就是用余光去看摄影机，也难怪会突然忘词中断演讲了。

家长该怎么办

一、舞蹈和注意力

雯雯的注意力问题体现在无法专注地完成一件完整的事情，在外界的干扰和自己内心的焦虑中不得已地有所停顿、中断，这一点在很多孩子学习和生活中都有大量的体现，比如做作业无法一气呵成、整理房间却丢三落四、描述事情语无伦次等等。这时候，家长就应该在注意力的连贯性上增加孩子的训练内容了。舞蹈训练就是一个非常对症的选择。

舞蹈锻炼孩子的前庭平衡能力。研究表明，注意力与前庭平衡能力有所关联。作为大脑中的重要器官——前庭器官，它控制着人的重力感和平衡感，能够帮助人们去判断身体与环境的关系、控制身体的平衡、掌握方向感和距离感，翻、爬、坐、站、跑等行动都与前庭器官息息相关。如果孩子出现了前庭平衡功能失调，就会表现为：方向感不明，左右不分，经常磕磕碰碰，旋转时头晕，怕走平衡木，上课时好动不安，注意力不集中，爱做小动作等等。舞蹈中的各种动作正是有效地提高前庭平衡能力的一种训练。

舞蹈训练对孩子的注意力要求更高。通常情况下，孩子在刚上课的前20分钟左右最能够高度集中自己的注意力，所以老师也经常是在这一段时间内讲授完课程内容，随后进行较为宽松的练习。然而舞蹈是大课，一节舞蹈课通常都在一个小时到两个小时不等，比普通科目的学习增加了很多，对于孩子注意力集中能力的要求也就高出很多。所以在学习舞蹈的过程中，这种必须对专注力、观察力、持续力有较高要求的状态，也算是一种外部的驱动力。

二、如何通过舞蹈训练提高孩子的注意力

1.化整为零以击破难点

不管是学习何项内容，难点往往是孩子的"心结"，也就是孩子做这件事时所关注的焦点问题。孩子有时候很容易被眼前的困难阻碍，想着：这个动作我做不到怎么办？这两个动作我连不起来怎么办？我忘了后面的动作怎么办？我跟不上节奏怎么办？面对孩子的种种心结，家长要做的就是利用分解组合法来把舞蹈中重点和难点动作进行先分解再组合，让孩子学得简单、轻松、没有压力，克服孩子的学习障碍，树立学习信心，才能在一步步引导中增加孩子的注意力。比如，家长可以让孩子先学会做手的动作，再去学习脚的动作，然后再把手脚合起来做。家长也可把舞蹈分解成一个个的动作和一个个的阶段，逐步、逐段去一一完成，最后再组合起来，完整演绎一遍。

2.观察模仿提升注意力

舞蹈中有一些难于分解的动作，孩子学起来容易灰心气馁，家长可以采用让孩子一边看一边仿效着做的方法去学习这些动作，引导孩子去观察，去在实践中感受其并没有那么难。当然，家长在示范动作时，速度要放慢，动作要舒展，那样才更方便于迎合孩子的理解能力，让他去观察模仿，才能有助于集中孩子的注意力，锻炼观察力和记忆力。

3.生动的口令提升注意力

孩子在学习舞蹈的过程中，讲解语言是否生动形象、通俗易懂，和肢体示范是否准确一样重要。不死板的讲解才能用语言牵住孩子的注意力，让孩子的注意力连贯起来。比如，要教授孩子一个转腕的动作，家长可以这样告诉孩子："现在你正在果园里摘桃子，想象一下，应该怎样去用手摘桃子，是不是抓住它，拧一下？"或者告诉孩子："有没有注意过大人在换灯泡时的动作，灯泡是需要拧下来和拧上去的，你假装这里有一个灯泡，拧一下试试。"只要家长的讲解足够生动易懂，孩子必然会集中注意力去听，家长说得绘声绘色，孩子才能听得全神贯注。

40

游泳，呼吸中的注意力

情景再现

光光的注意力不集中问题一直是让爸爸头疼的事情。

"光光，你到底想学习点什么呀？老师经常说你上课的时候不专心，我的耳朵就快听出茧子来了，想给你报点特长班，让你养养心性，收收心，可你总是半途而废，到底什么事情才能让你愿意全力以赴地完成呀？"爸爸语重心长地说。

"我也不知道。"光光只顾着在卫生间的洗脸池里玩水，对于爸爸的"烦恼"一点都没有体会到。

"唉。"爸爸叹了口气，继续拿着街上发的特长班的传单惆怅。

"爸爸，你快来看！"光光呼唤道。

"看什么呀？"爸爸循声而来。

"我要在水里憋气，你看我能憋多久。"光光说完，就把脸埋在了水盆里。

"多危险啊。"爸爸想让光光出来，可是看到光光朝自己摆摆手，示意"没问题的"，他也就只好静观其变了。

"我很厉害吧。"光光抬起头来说。

"这么久，我还以为你在水里睡着了呢。"爸爸说道。

"这还算久呀？晓明他们能在水里憋气更长时间呢。这件事就是需要全神贯注，只要心里想着一点别的事情，就会憋不住气，就会失败了。"光光头头是道地说着。

光光的这番话不禁让爸爸灵光一现，"光光，既然你喜欢玩这个，不如咱们报个游泳班如何？好好学学，一定能比你的那些朋友更厉害呢。"爸爸说道。

"是啊，我怎么没想到，快去帮我报名吧。"光光觉得这是个不错的主意。

于是经过一个暑假的游泳训练，光光不仅在水中的憋气时间更长了，身体素质得以提升，而且似乎意外地治好了他注意力不集中的问题，连他都不明白这两件事有何关联。

孩子的心里话

游泳教练说我游得很好，我上课的时候也非常认真，比起爸爸以前帮我报的那些特长班要专心许多呀，看来并不是我没有特长，而是没找到让我能够乐意好好去学的特长而已。游泳的时候，我的心情非常平静，似乎世上万物都变成了我身边的水，它们包围着我，让我根本无法去想其他事情。渐渐地，我也能像对待在水中游泳一样对待在教室里上课了。班主任夸了我好几次，真是神奇啊。

？ 家长该怎么办

一、游泳和注意力

这果真是一件神奇的事情，游泳运动和上课时的注意力似乎是八竿子也打不着的两样事物，但却确实在光光的身上表现出其不可思议的关联性。这神奇的效果是因何而来呢？其实，游泳作为一种需要肢体协作配合的运动，不仅可以改善感觉统合问题，同时也可以缓和孩子在学习上的压力，改善感觉统合问题引起的注意力问题，让孩子不再"过分活跃"和"精力旺盛"，甚至能改善孩子注意力缺陷导致的多动症。

二、如何通过游泳训练提高孩子的注意力

走动练习：启蒙阶段，家长可以先让孩子在浅水里练习走动，走圆圈儿、走曲线、向前走、向后退，也可以在水里做各种动作，放松自己。让孩子先去习惯水和肌肤碰触的感觉，人在水中的浮力、阻力，水下运动时和空气中运动时的体感区别。

呼气练习：家长要逐渐教会孩子如何在水中呼气，这是学习游泳过程中最具有里程碑的一个步骤。先让孩子练习憋气，把头浸在水中憋足气，试着睁开眼睛，看池里的东西或数自己的手指头；然后吸足气，将头没入水中，用嘴和鼻子吐气。这一练习虽然刚开始会让孩子有点不适应，但是在水中吐泡泡的举动也是颇具趣味性的，只要家长会引导，孩子就不会畏惧。

动作练习：学习蛙泳腿部动作和手部动作之前，可以让孩子先在岸上、在石阶上、在床上做蛙泳的模仿动作。

漂浮练习：让孩子下水做一个漂浮的动作，蛙泳的蹬腿练习或站在水中做蛙泳的手部动作，让孩子去感受如何通过手脚并用让自己移动位置。

等孩子掌握了基本的呼吸、动作方法，就可以进行系统化的练习了，游泳时的强度大一些，量和密度要小一些，这样的效果比较好。只要家长教育得法，一般几次下来孩子就可以学会了。

41

轮滑，前进中的注意力

体育课上，老师让同学们绕着操场跑四圈，对小媛来说，这是很轻松的事情。

于是她趁着老师没有跟在旁边的时候，便和同学一边跑一边聊起天来。

"语文老师这次留的作文题目太难了，我都不知道怎么写。"小媛发着牢骚。

"是啊，上回我觉得自己写得不错，结果老师给了很低的分数，说我写跑题了，这回这么难的题目，我是肯定写不好了。"同学应声说道。

"我中午回家翻了翻作文书，里面都找不到类似的题目呢。"小媛接着说，可是话音刚落，她一个不留神，左脚被右脚绊了一下，摔倒在地。

"啊，真倒霉。"小媛站起来揉着自己的膝盖，上面留下几道地上的小石子造成的划痕。

"怎么摔倒了？"体育老师走过来问道。

"没注意就摔倒了，没事。"说完，小媛跟着队伍接着跑起来。

"你看，那不是二班的赵丽丽吗？她背着书包，是请假回家了吗？"眼尖的同学说道。

"还真是她，估计是生病了吧。"小媛顺着同学手指的方向望去。

只听"啊"的一声惨叫，跑在小媛前面的女生踉跄着往前跑了几步，回头对小媛说："你怎么跑步的啊？踩到我了，疼死了。"

"对不起，对不起。"小媛连忙道歉。

体育老师看到了这一幕，于是把小媛叫出来说道："你跑步时能不能注意力集中一些，聊什么天啊？跑步时不看着路，东张西望什么。"

被老师批评了一通的小媛顿觉颜面无光，等她再回到队伍中的时候，只顾盯着地面看，一点聊天的兴致都没有了。

孩子的心里话

真是郁闷，一圈还没跑完，不是摔倒就是踩到同学，还被老师批评，我这是怎么了？为什么聊天的时候就跑不好步呢？为什么我不能一心二用呢？

家长该怎么办

一、轮滑和注意力

简单地说，轮滑练习可以提高孩子心肺功能、灵敏度、平衡能力、灵活性、体能以及身体协调性。而且小朋友们在一起练习，也可大大提高他们的人际交往能力。除了这些，轮滑训练还能提高孩子的注意力，这是因为在轮滑的过程中，如果分心去想、去关注其他事情，身体就不能很好地协调平衡感，分心和失衡几乎是同步发生的，摔倒就是唯一的结果。而且孩子轮滑时的前进速度较快，需要他去避让各种障碍，防止撞人和被撞伤，只有集中注意力才能做到这些。所以学习轮滑可以提升注意力、观察力和判断力，对孩子的优良性格养成非常有好处。

二、如何通过轮滑训练提高孩子的注意力

1.轮滑的装备

对孩子而言，运动安全非常重要，这一点在练轮滑时能够充分体现，那些没有穿着护具的初学者很容易摔倒受伤，如果摔伤后脑，那将会是非常危险的。所以孩子刚开始学习轮滑时，装备是保证安全的必需品。所有露在外面的关节处都要好好地"保护"起来，护腕、护肘、护膝和头盔，一个都不能少。刚开始可以让孩子穿稳定性较好的双排的轮滑鞋，等孩子能适应这种感觉之后，再换上单排的轮滑鞋。

2.如何做练习

站姿练习：第一次穿着轮滑鞋站起来，对孩子而言，是一个全新的尝试和感受，这完全不同于站在平地上和斜坡上的感觉，往往他们会因这种不熟悉的、似乎"危险"的感觉而放弃继续学习。这时候，家长要鼓励孩子勇敢地站起来。对于胆小的孩子，家长可以扶着孩子的腋下或者让他自己扶着墙壁，多练习几次，争取不扶任何支撑物独立站立几秒钟。刚开始孩子肯定会摔倒几次，等他能不再因为摔倒而哭泣之时，说明他的意志力有所增强，学会了如何正视困难、面对困难，这种意志力也是孩子提升注意力的基本素质之一。

蹲身练习：穿着轮滑鞋站稳之后，让孩子慢慢地屈膝，找到一个合适的高度，反复练习，去习惯这种身体有所动作时寻找平衡感的感觉，让孩子学会如何调节腿部的"动"和脚部的"稳"。孩子的能力一步步增强了，轮滑的技能也一步步得到了提高。

抬腿练习：等孩子稍微活动也能站稳之时，就可以让孩子做抬腿练习了。让孩子的膝盖弯曲，腿稍微并拢，重心下降，双腿呈现"八"字状，然后将呼啦圈放在地上，让孩子抬腿迈进呼啦圈、再迈出去，学会大胆地向前抬腿迈步。以此来感受一下身体先前运动时，腿和脚应该控制的角度和力度。练习到足够熟练之后，孩子就会掌握如何八字抬腿行走，会走的时候，

就离会驾轻就熟地滑行不远了。

滑行练习：让孩子在行走的过程中逐渐加快速度，给自己提供前进的动力。身体的前后左右方向都是在前进的过程中需要高度注意的，不管是自身的动作，还是对周围的障碍、眼前的路况，都要格外小心。这时候既要求孩子要"一心一意"，也要求孩子要"三心二意"，这是为什么呢？"一心一意"就是让孩子只关注和轮滑有关的事情，不去想其他没有关联的事情，不被非滑行轨道上的事物分散注意力；"三心二意"就是让孩子不仅要留意自己的脚下、找寻平衡感，还要去注视前方，判断路况、绕过障碍，同时还要注意听家长的指令。这项训练期间，家长可以在孩子的滑行路上放置一些玩具，请孩子蹲下把玩具捡起来，并滑行送到前方的篮子里。孩子做得出色时，别忘了给他一个奖励。

弯道练习：等孩子掌握了上述基本动作之后，家长可以让孩子开始绕"S"形路线来滑行。一系列循序渐进的训练之后，孩子在轮滑上的注意力一定能够大大地提升，也能举一反三地将这种集中注意力的能力运用到其他事情之上了。

42

足球，追逐中的注意力

情景再现

何毅家里养了一只大花猫，这只花猫十分淘气，总是趁主人不备便偷偷溜出家门，不到觉得饿的时候不回来。

这天，何毅在家里写作业，大花猫懒洋洋地卧在窗台上发呆，房间里的空气有点闷，何毅准备打开窗户通通风。可是他刚把窗户打开了一条缝，就被大花猫一个箭步冲过去钻了出去。

"你给我回来。"反应也很迅速的何毅大喊一声，无奈大花猫根本不加理会，径直从窗台上跳到外面的院子里，优哉游哉地散起步来。

何毅连忙跑出去，准备把大花猫抱回来，结果大花猫一看见何毅出来，它赶紧快走几步，蹿上了围墙，准备逃跑。

"我看你能往哪里跑，我一定会抓到你的。"何毅也跟着从大门出去，抬头四处寻找大花猫的身影。

只见大花猫上蹿下跳，一会儿翻上邻居家的墙，一会跳到树上，一会儿又跳下来跑在路边，何毅也步步紧跟，毫不示弱。可是追得久了，何毅也觉得有些上气不接下气，盯着大花猫不断上上下下的身影，他的眼睛也有些酸痛了。

跟着大花猫跑到小卖店那里，何毅看了一眼趴在小卖店屋顶的大花猫，又看了一眼小卖店门口挂着的玩具，不禁心里痒痒得不行。再加上小卖店老板的一声招呼，更是让何毅的注意力完全集中到玩具上来了。

"小朋友，要买什么东西吗？是不是喜欢这个玩具？"老板问道。

"啊，我也不知道。"何毅迷茫地看着眼前花花绿绿的玩具。

"这个水枪不错，昨天新到的货，很多小朋友都买了哦。"老板推荐道。

"多少钱？"何毅下意识地问道。

"20块钱，很便宜的。"老板笑眯眯地说。

"20块，我身上没有这么多。"何毅把自己衣服和裤子上的口袋翻了个遍，"我回家找我妈妈要钱去吧。"

说完，何毅就往家里走，盘算着买水枪这件事该如何向妈妈开口，等他走到家门口的时候，才想起来："我不是去追大花猫的吗？怎么成了买水枪了！"

等他跑回小卖店去找大花猫的时候，大花猫早已跑没影了。

孩子的心里话

我可真是的，明明刚才追大花猫追得好好的，等它再跑到地上来的时候，我就能抓住它了。结果却被玩具给吸引住了，完全忘了大花猫的事情，唉，要是大花猫再也不回来了，我肯定要被妈妈批评的，给我买水枪的事情更是不会实现了。

家长该怎么办

一、足球和注意力

家长可以利用足球来训练孩子的注意力。因为踢球的时候，需要孩子始终不渝地坚持盯住目标——足球，不能松懈，一旦足球从视线中消失，就意味着可能落入对手的脚下。而且足球比赛时是一个团队在作战，这期间要和其他队员相互协作。所以足球训练作为一种策略性运动，可以帮助孩子在锁定目标的前提下，提高注意力，还可以提升孩子下肢运动协调能力、奔跑能力。

二、如何通过足球训练提高孩子的注意力

1.提升孩子的踢球兴趣

踢球有好处，如何才能让孩子爱上足球呢？毋庸置疑，孩子刚刚开始学习时，踢球的准确性是提高孩子踢球兴趣的前提。所以这个时候可以让孩子先用好踢的球踢，以增强他的自信心，然后再用标准的球踢。

家长可以通过玩球、做游戏的形式进行启蒙练习，让孩子对足球这项运动产生继续学习的兴趣。你来我往地踢球才是球场上真实的竞技方式。家长一定要和孩子一起玩对踢的游戏，依次传递，互动起来。这个游戏可以两个

人玩，也可以几个小朋友和家长共同玩。

2.教孩子踢球前的准备

孩子踢球，锻炼身体，提高锁定目标的专注力，这是踢球的一些效用，但家长不要对孩子踢球的技术要求太高，在孩子能像真正的足球运动员那样驰骋赛场之前，他需要学习一些基本的脚下动作。具体说来，以下几个方面的工作要做：

（1）先来认识脚：告诉孩子用来踢球的那只脚叫作踢球脚，另一只脚叫作站位脚。刚一开始时，可以让孩子用他觉得最舒服的那只脚来踢球，但是要想让孩子能游刃有余地追逐足球满场跑，他最终必须得学会用两只脚踢球。

（2）鞋子要合适：初学者最好穿球鞋和球袜，千万不能让穿凉鞋或光脚踢球，那样他的脚趾很可能会受伤。

（3）合适的足球：孩子怎么选择足球呢？美国足球协会建议8岁以下的孩子用3号球，8~12岁的孩子用4号球，5号球供大孩子和成年人使用。

43

乒乓球，跟踪中的注意力

情景再现

"亮亮，记得一会儿把今天学的课文抄写两遍哦。"妈妈嘱咐道。

"唉，写不完的'家庭作业'，比老师留的作业都要多。"面对妈妈的严格要求，亮亮心有不满，只好在妈妈走后小声嘀咕。

亮亮极不情愿地翻开课本，开始抄写起来。他看一眼课文，抄写几个字，看一行，抄一行，虽然这篇课文并不算长，但是亮亮却无法集中注意力，整个抄写过程断断续续。亮亮的视线时不时地就会被窗外的声响给吸引走，不管是一声鸟叫声，还是一阵鞭炮声，不管是楼下行人的说话声，还是对面楼房的装修声，亮亮总是满怀好奇地要瞄上一眼，看看发生了什么事。等他的目光再回到课本上时，经常是忽略了刚才要写的那个字，在作业本上少抄写一个字。

"妈妈，我写完了，你检查吧。"亮亮把作业本递给妈妈。

"好，课本也给我，我对照一下。"妈妈接过作业本和课本，仔细检查起来，原本是想检查一下有无错字、字迹工整不工整，结果刚看了两行，就发现了更严重的问题。

"亮亮，你过来！"妈妈的脸色不是很好看。

"怎么了？"亮亮微微地感觉到了气氛的异常。

"你自己看看，你抄课文的时候是不是注意力不集中了？这里少一个字，那里多一个字的，有没有好好地看课文啊？一共就那么点字的课文，你都能看错字、看错行？"妈妈数落起来。

"我……"亮亮抓抓头发，实在找不出辩解的话。

"重新写！再错一个字，就再多写一遍！一直写到完全一模一样为止！"妈妈这回可是对亮亮下了狠心。

孩子的心里话

妈妈也太严厉了吧。就算我写错了，罚一遍就可以了，居然要一直写到完全对为止。对我来说，真有点难。不知道为什么，最近总是在学习时心不在焉，尤其是读书的时候，眼睛很难一直盯着书看，一点都安不下心来呀。

家长该怎么办

一、乒乓球和注意力

研究证明，打乒乓球可以使视线长时间地跟踪一个物体的移动，是提高持续性注意力的绝佳办法。打乒乓球具有较强的对抗性和高度的灵活性，对高级神经活动的要求较高，表现为既能迅速地兴奋，同时又可以及时地抑制。迅速的兴奋和抑制过程的转换，可以提高孩子的反应能力和控制能力，当孩子的反应速度能够做到行云流水的程度时，注意力自然而然地就会连贯起来。经过一段时间的乒乓球练习，能够有效改善孩子的注意力断断续续不集中不连贯的情况。

二、如何通过乒乓球训练提高孩子的注意力

1.先让孩子喜欢乒乓球

家长教给孩子的第一堂乒乓球课非常重要，用不着急着教会孩子如何发球、握拍，应该先给孩子讲述一下乒乓球的起源与发展，讲一些乒乓球世界冠军的故事给孩子听，让孩子对于自己要学习的内容和意义有所了解。家长还要多和孩子说说打乒乓球的好处。比如，打乒乓球会让孩子的视力更加敏感，能够锻炼孩子的眼、手、脑的配合，提高身体的协调性等等。播放一些乒乓球比赛的录像给孩子看更是必不可少的一步。家长的千言万语比不上一次生动形象的比赛视频。它更能打开孩子求知的好奇心，激发孩子产生自己尝试一下的冲动。

2.用危机感、紧迫感助力孩子注意力的集中

乒乓球是竞技类的运动，至少需要两个人来对打才能开展起来。家长可以通过乒乓球比赛训练法来提高孩子注意力。每个孩子都有求胜心理，即使是和家长一起做游戏，也希望能借此证明自己的能力。作为"教师"的家长和作为"学生"的孩子，从比赛伊始，在能力方面就是有着差距的，这种危机感激励着孩子的求胜心理，让他告诉自己必须全身心投入到争取打好每一个球上来。而一个球连着一个球这样应接不暇的紧迫感更是让孩子没法去把

注意力转移到其他事情上去，他想要取胜，就必须将视线绷紧得如同琴弦一般，盯着乒乓球的轨迹，不能松懈。家长可以将比赛设定为打3分，先打到3分的人就是赢家，较短的比赛时间和简明的胜负原则会让孩子在一开局就精神高度集中，全力以赴。这种危机感和紧迫感非常有助于培养孩子自觉集中注意力和关键时刻敢打敢拼的能力。

第七章
睡眠：睡不好，注意力会下降

　　每年的3月21日是国际睡眠日。儿童的睡眠问题也成为关注的焦点。有研究表明，5岁的孩子平均每天需要11小时睡眠，9岁的孩子每天需要10小时睡眠，上高中的孩子每天需要9小时睡眠，有百分之八十五的孩子存在睡眠不足的问题，百分之十五的孩子在课堂上打瞌睡。很多父母看到孩子注意力不集中却很少把孩子的睡眠问题放到心里去。但睡眠不足常常会导致记忆力下降、注意力不集中、反应迟钝、易激怒、焦虑、抑郁等，是孩子成绩较差和出现不良行为问题的原因。因此，保证孩子有充足的睡眠十分重要。可是有些孩子睡眠时间并不短，怎么白天还是精神恍惚？这可能就是孩子的睡眠质量出了问题，或者说孩子的睡眠出现了障碍。这一章将为家长一一列出儿童常见的睡眠障碍和对应之策。

44
不要熬夜，超负荷运转影响注意力

期末考试开始了，早上考的科目是英语，算是俊俊最拿手的科目。为了备战这次期末考试，俊俊在一个月前就开始了复习，因为爸爸妈妈给自己订好了目标，必须在这次考试中处于班级前五名。所以俊俊每天都熬夜复习，这一个月内几乎没有睡过一次安稳觉。

俊俊觉得自己准备得万无一失，加之英语本身是他擅长的科目，所以这天他揉揉昨晚熬夜留下的黑眼圈胸有成竹地走进了考场。

但事情仿佛故意要和俊俊的努力对着干一样，当他坐在教室的椅子上时，心里却莫名其妙地恐慌起来，手心里也不断地渗出汗珠，不听使唤地抖个不停，就连手中的铅笔也有点打滑，写出来的单词歪歪扭扭的。眼看着教室前面的时钟上的指针在一秒一秒地嘀嘀嗒嗒地走过，俊俊再去看考卷的时候，却觉得眼前一黑，顿时脑子一片空白，越是着急越是什么都记不起来，看着眼前这些从前信手拈来的题目，如今却这般陌生。

等成绩发下来时，俊俊傻眼了，真的不是他意料中的那个成绩，看来班级前五名已经无望了。是俊俊学习不够努力吗？非也！俊俊平时上课的时候是非常专心的，在班级里也是出类拔萃的学生。没有人会质疑他的学习态度和学习能力。而且自从得到妈妈下达的"班级前五名"的指令后，俊俊每天都在认真复习，经常挑灯夜读，三更半夜才去休息。

这样熬夜的高强度复习不仅没带来成绩的提高，反而让俊俊在考试之时身体异样，无法集中注意力答题了。

孩子的心里话

为什么会这样呢？我越是认真复习，越是考不好，难道是我的运气不好吗？

家长该怎么办

一、孩子熬夜越多，注意力越不集中

大人都知道"休息是为了走更长远的路"，孩子的生活和学习也是这样。尤其是学习，它是一种消耗大量脑内氧气的脑力劳动，身体保障和智力因素要两全才能其美。很多孩子在追求成绩、分数、名次这种智力上的衡量标准时，往往突出了对于智力的训练，而忽视了对于身体的呵护。用体能的消耗去换取智力的提高是绝对得不偿失的行为，用熬夜学习去换取第二天的考试顺利更非明智之举。因为人的交感神经正常情况下应该是夜间休息，白天兴奋，而熬夜的时候，却让交感神经在夜晚兴奋起来。熬夜学习会使孩子的大脑超负荷运转，渐渐地处于疲劳状态，引起大脑皮层神经细胞的倦怠，注意力无法像一开始学习时那般集中。孩子的思维就会变得迟钝，记忆力效果并不理想。随之带来的便是孩子白天头昏脑涨没精神、记忆力减退、注意力不集中、反应迟钝等现象。而且夜间时人体各种器官功能都开始下降，血液流动变慢，抵抗力降低，经常熬夜学习很容易引起疾病，感冒、胃肠感染、过敏等等。而且更糟糕的是，长期熬夜会使得孩子慢慢地出现失眠、健忘、易怒、焦虑不安等神经、精神症状。

二、有规律的作息，会休息才会学习

如果孩子是一个对自身缺乏计划，喜欢想什么就做什么、不考虑熬夜的后果，或是玩心太重，总是将学习拖延到临睡前才去做的人，家长就应该协助孩子建立规律的作息方式，固定孩子的生理时钟，让孩子有计划地去生活和学习。必须安排好什么时候玩、什么时候学习、什么时候运动、什么时候吃饭，以此来减少不适当的行为出现在不适当的时间里，避免该认真听讲的时候却在睡觉、该睡觉的时候却在挑灯夜读。

家长要保证孩子有充分的休息时间。一般来说，10岁以下的孩子每天要睡足10小时，11至15岁的孩子要睡足9小时。家长尽量不要鼓励孩子熬夜学习。在不得已的熬夜之后，家长必须监督孩子把失去的睡眠补回来，如果白天没有什么事情，最好能充分休息，如果条件不允许，至少也要午睡一会儿养足精神，这样才能提高白天的学习效率。

如果是在临近考试之前，孩子自愿适当地增加一点学习时间，偶尔熬夜，也是未尝不可的，但绝不能成为习惯，这种情况每周最多一两次。

45
正确应对夜惊

情景再现

这天夜里，爸爸被旺旺的一声尖叫惊醒，他急忙跑过去看看发生什么事情了。

只见旺旺坐在床上，双眼直勾勾地看着前方，大喊大叫，还面色苍白、呼吸急促。

爸爸把他抱起来，哄道："怎么了？做噩梦了是吗？"

可是旺旺却毫无反应，不仅没有回答爸爸，而且依然又哭又叫。

妈妈也闻声赶来，一摸旺旺的额头和后颈，全都是汗。

"孩子是不是被吓着了？"爸爸问道。

"很可能。问他什么都不说话。"爸爸担忧地说。

旺旺这种"受惊"的样子持续几分钟后，他终于渐渐地停止了喊叫，睡在了爸爸的怀里。可是没过半小时，旺旺又尖叫了一声，又是折腾了十来分钟，他才安安稳稳地睡着了。

第二天，妈妈去叫旺旺起床，可是睡得死死的旺旺怎么着都不愿意起床，妈妈推推他，他翻个身接着睡。眼看再不起床，上学就要迟到了，妈妈帮迷迷糊糊的旺旺穿好了衣服，用毛巾给他擦了脸，旺旺这才慢慢地醒了过来。

"妈妈，我好困，我还想睡。"旺旺说道。

"都几点了，赶紧去上学。"妈妈催促道。

这一天，旺旺整个人都无精打采的，不时地打瞌睡，上课时根本无法集中注意力，被老师点名批评了好几次。

孩子的心里话

不能专心听课，我不是故意的呀，我真的是身不由己，好困啊。晚上睡得挺早啊，怎么会这么困、这么累呢？妈妈说我昨晚睡着睡着突然大哭大叫，我都不记得了，我更说不清楚是为什么。可能就是因为晚上喊得太累了，所以才没睡好，白天才没精神吧。

家长该怎么办

旺旺这种晚上惊醒、哭闹不止的表现在爸爸看来是做了噩梦，在妈妈看来是被吓着了，其实最正确的解释应该是夜惊。什么是夜惊？夜惊是指一种常见于儿童的睡眠障碍。夜惊通常在夜间睡眠后较短时间内发作，即睡眠前三分之一阶段，大约在入睡后15至30分钟，每次发作约持续1至10分钟。其主要症状为反复从睡眠中突然醒来、突然坐起、有时还会突然下床，这时孩子的意识处于朦胧的状态，惊叫、哭喊、话语含混不清、两眼直视、手足乱动，伴有惊恐表情和动作，出现心率增快、呼吸急促、出汗、瞳孔扩大等自主神经兴奋症状。发作的时候，孩子会紧张地抓住抱他的人，但面对别人的安抚、拥抱、言语却视而不见、听而不闻，一般很难叫醒孩子，似乎他仍在继续遭受强烈的痛苦，持续几分钟，甚至十几分钟后孩子才能自行平静下来。孩子醒后有意识和定向障碍，不能说出梦境内容，对自己发作的情节不能回忆起来。孩子夜惊发作的次数不一定，可能一夜断断续续地发作数次，也可能几天或十几天才偶尔发作一次。

一、孩子为什么会夜惊

心理学研究认为，经常发生夜惊的孩子，大多有注意力倾向偏离的问题，换句话说就是"心里有事、较为敏感"。他们多有紧张、受惊的经历，外界刺激印在大脑里，在睡前压抑，到睡眠时会引起某一部位强烈的反应而使孩子出现夜惊。这些负面的经历诸如家庭的矛盾，学业负担过重，初次离开家长进入陌生的环境，受到体罚、责骂，听到雷鸣声，看到火光，遭受交通事故等意外伤害，睡前看惊险的电视或听恐怖故事等等，它们都有可能诱发夜惊的发作。

持续的夜惊也可能是由一些病理因素引起的。研究同时表明，如果孩子大脑神经的营养供应不足，身体内出现钙、维生素B1、B6等物质的缺乏，致使大脑发育有异常、大脑皮层中枢、丘脑、垂体等大脑器官之间的相互调节不好，导致内分泌失调造成的肥胖，以及严重的钙缺乏症，都是可能导致夜惊发作的病理性原因。假如孩子每天都出现夜惊的症状，并持续3周以上，这就需要家长带着孩子及时就医了。

二、家长应该如何预防和应对儿童夜惊

想要预防孩子夜惊，家长首先应该从心理角度、从客观上解除孩子心里的压力，让孩子能够安稳地睡眠。因此，家长对孩子的生活和学习的要求不能过高，以免孩子觉得力不从心，心生担忧、畏惧；家长还要避免使用威胁的语言训斥孩子，不要让孩子总是处于一种诚惶诚恐的不安之中；家长平时还要注意教育孩子如何宠辱不惊，提高孩子的心理承受能力，好事面前，不要过度兴奋，坏事面前，也不要怨天尤人，患得患失不可取。

其次，如果孩子的夜惊是由于神经调节因素引起的，家长就要安排好孩子的睡眠，避免白天过度劳累或睡前过度兴奋，每天按时起床休息。而且要让孩子睡在舒适的床铺上，卧室的温度也要适宜，这种安适的环境会让孩子睡前有一种安全感，很快就能消除不严重的夜惊症状。

再次，如果孩子夜惊是因为体内营养物质的缺乏，家长需要及时矫正孩子的偏食挑食习惯，防治佝偻病等营养缺乏性疾病，只要身体需要的营养供给充足，夜惊的症状也很快就能痊愈。

1.补充钙营养素

预防夜惊，要给孩子增加营养，注意饮食。主要补充以下食品。

乳类与乳制品；

肉类与禽蛋等；

豆类与豆制品；

鱼虾等海产品；

谷物；

蔬菜；

水果与干果类等。

此外，还要注意的是：想要减少食物中钙质的流失，最好将食物保鲜贮存，牛奶加热后尽量不要搅拌，切菜不能太碎，炒菜时尽量不要干烧，要多加水，不要长时间烹制。

2.补充维生素B1

谷物、豆类、酵母、干果、硬果、动物内脏（如心、肝、肾、脑）、瘦肉、蛋类中都富含维生素B1。值得注意的是维生素B1存在于谷类的表层，若将大米和小麦精加工，虽然卖相和口味变好了，但80%以上的维生素B1却会随之损耗。

3.补充维生素B6

牛肉、鸡肉、鱼肉和动物内脏等含有丰富的维生素B6。维生素B6含量最高的为白色肉类（如鸡肉和鱼肉）。

燕麦、小麦麸、麦芽等谷物，豌豆、大豆等豆类，花生、胡桃等坚果类，也会有丰富的维生素B6，可经常给孩子食用。

46
正确应对夜游

情景再现

德德的睡眠习惯一直很规律，每天晚上9点上床睡觉，从来不用家长督促提醒，也能安安稳稳地睡到天亮，从来不用家长担心什么。

可是有天晚上11点左右，还在客厅熬夜工作的妈妈惊讶地发现，德德居然从卧室走出来，走进卫生间。整个人的状态是迷迷糊糊的，步伐也是跌跌撞撞的，从妈妈身边走过去也没有说一句话，仿佛妈妈是空气一般。

妈妈以为德德是去小便，可并没有听见小便的声音。妈妈走过去一看，只见德德站着漆黑的卫生间里，面对着梳妆镜一动不动。妈妈正要开口之时，德德拿了一条毛巾，一声不吭地又回到床上继续睡觉。

没隔几天，德德就会做出这样的奇怪行为，不是突然走出来在客厅里转了一圈，拿本书回去继续睡觉，就是拉开客厅的窗帘后回去继续睡觉，要不就是走到爸爸妈妈的房间门口转动几下门把手，回去继续睡觉。第二天和德德提起这件事，德德也一头雾水，完全没有记忆。

德德的爸爸妈妈觉得很奇怪，不禁和邻居提起这件事。

"这是夜游症啊。"邻居说道。

"是呀，我也觉得好像是呢，以前在电视里看到的，不能叫醒夜游的人，幸亏我们没和孩子说话。"妈妈恍然大悟地说。

"总这样可不行啊，晚上怎么能睡得好。"邻居说。

"是啊，每次他晚上出来之后，第二天准无精打采的，老师都和我反映好几回他上课时恍恍惚惚、不认真听讲的事情了。看来我得带他去看看医生了。"妈妈担忧地说道。

🎺 孩子的心里话

吃早饭的时候，妈妈问我昨天晚上为什么要出来拿了书又回去接着睡觉？说真的，我一点印象没有，我记得自己睡得挺好呀。我还问妈妈："你是不是做梦了？这都是你的梦，不是真的？"可看着妈妈一本正经的样子，好像我真的做了这些事情啊。怎么会这样呢？

❓ 家长该怎么办

孩子如果出现德德这种从睡梦中起来活动，神态不稳，动作缓慢，面无表情，意识模糊，乱翻物品，摆弄东西，数分钟后又自行上床睡觉的情况，就可以初步判断为夜游症了。其间如果孩子摔倒在地，但是没有惊醒，反而能随即入睡，而且被人唤醒或自行醒来之后对刚才或昨晚发生的事情一点都回忆不起来，这就一定是夜游症。夜游症属睡眠障碍中的一种，大多发生于4至12岁的儿童，约15%的5至12岁儿童有过这种现象，它更容易出现在男孩的身上。

一、孩子夜游的原因

孩子夜游的原因可谓众说纷纭，可以概括为以下几点：

1.心理因素

部分儿童出现夜游症与心理社会因素有一定关系。比如生活中种种事件带来的焦虑不安及恐惧情绪，和家长的关系有隔阂，白天刚刚被老师或家长批评过，学习压力较大，考试成绩不理想，睡前听了一些令人紧张、兴奋、恐惧的故事，亲人去世，以及其他意外发生的令孩子一时难以接受的生活事件等，都可能引发孩子的夜游症。

2.睡眠过深

由于夜游症常常发生在睡眠的前1/3深睡期，所以一些会使睡眠加深的因素，均可诱发孩子夜游的发生。比如，孩子日常生活规律紊乱、白天过度劳累、连续几天熬夜引起的睡眠不足、睡前服用能让孩子感觉困倦的药物等。

3.发育因素

观察发现，夜游症多发生于儿童期，而且会随着年龄的增长而逐渐停止，所以表明夜游症可能与儿童大脑尚未发育成熟、大脑皮层抑制功能的发育延迟有一定关联。

4.遗传因素

一项针对夜游症的研究表明，夜游症的患者其家族中有阳性家族史（也患有夜游症）的较多，而且单卵双生子的同病率较双卵双生子的同病率高6倍之多，说明遗传因素在一定程度上诱发着夜游症的出现。

二、遇到孩子夜游，家长应该怎么办?

儿童出现夜游不必过于惊恐，绝大部分随着年龄的增大、中枢神经系统发育成熟会自愈，有一半到成年后自然消失，即使情节严重也不会有器质性疾病。

夜游对孩子的健康并没有不利的影响，只要发作不是太频繁，一般无须服药，但需注意一些问题：

1.要给孩子创造轻松的生活环境

家长要给予孩子一个温暖安全的生活环境，避免不良的心理刺激。对于孩子近期或白天遇到的心理压力，家长要细心观察、及时疏导，让孩子能够"无忧无虑"地去上床睡觉。值得一提的是，家长尽量不要在孩子面前谈论其病情的严重性及其夜游的经过，那样会增加孩子的紧张、焦虑、恐惧情绪。家长应该让孩子了解到睡眠是一个放松自己的一切去恢复体力精力的过程，而不是"集中时间"来放大强化那些不良心理刺激的过程。

2.孩子的作息要有规律

良好的作息规律不仅对孩子的身体发育很重要，对孩子的精神状态也很重要。家长白天不要让孩子过度学习、运动，以免孩子疲劳不堪，睡前也不要让他吃得太饱，以免孩子太兴奋。应该让孩子养成早睡早起的习惯，加之身体上的锻炼，使其睡眠节律调整到最佳状态。

3.要保证孩子的安全

这里说的既是孩子生活环境的安全，也是孩子在发生夜游时家长应该采取的安全措施。

有时孩子在夜游之时可能做出一些危及自身或他人安全的行为，家长要做必要的安全防范。这并不意味着家长要把孩子关起来，不让他自由走动，这样做可能比让他四处走动还要危险。家中一切危险物品都应该放置在孩子拿不到的地方，比如刀具、易碎物品，尤其是孩子的卧室，以此防止意外事故的发生。家长临睡前一定要把门窗关好、加锁，防止孩子在夜游时把门窗打开外出。

孩子正在夜游的状态中时，一般不主张强行唤醒他。家长千万不要大声呵斥或阻止，以免出现过分的反应。因为此时孩子全身心地沉浸在另一个无意识的境界里，突然的惊吓或强制性转换环境只会适得其反，可能使孩子出现兴奋躁动和意识模糊状态，反易导致出现更多的问题。建议家长此时最好是轻轻走近孩子，牵他的手回到床边，然后轻轻扶他躺下，顺其自然地让他继续睡觉。

47

正确应对噩梦

情景
再现

"妈妈，妈妈！"半夜里，小迪的卧室里突然传出呼喊声。

妈妈急忙跑到小迪的床边，"怎么了？"

"妈妈，我做噩梦了。"小迪躺在床上，眼神里依然满是惊恐，见到妈妈之后，又开始泛起了泪花。

"梦见什么了？"妈妈把小迪搂在怀里，关心地问。

"我梦见放学时，同学们都回家了，你却没有来接我，我好伤心，不知道你去哪里了。后来老师也走了，他把教室的门锁上了，可是我还在教室里呀，我使劲喊：'老师别锁门，我还在里面！'可是老师听不见，然后天就黑了，教室里就我一个人，我好害怕，就醒了。"小迪一口气说完。

"不用害怕，只是个梦而已。"妈妈帮小迪盖好了被子，"你继续睡吧。"

见到妈妈要关灯，小迪忙说："别关灯，关灯了，我又会做噩梦的。"

妈妈只好在明亮的卧室里轻拍着小迪，等他睡着了再关灯离开。

第二天上课的时候，小迪的心思却无法放在老师所讲的内容上。他看见这个熟悉的教室和自己梦里的教室一模一样，一样的座椅，一样的黑板，还有一样的老师，不由得害怕起来。

小迪心想：噩梦不会变成真的吧？今天放学妈妈会来接我的吧？如果不来怎么办？妈妈不会丢下我不管了吧？

小迪失神地胡思乱想着，一阵响亮的下课铃声更是加剧了他的惊慌心情。看着同学们纷纷离开座位去操场玩耍、去上厕所，这个半空的教室在小迪的眼中简直像极了梦中的场景。

等下一节课开始时，小迪还沉溺在噩梦的情节之中，完全忘记了准备这堂课要用的书本。

孩子的心里话

昨晚的噩梦真的好可怕啊，找不到妈妈，老师也不理我，还被锁在空空黑黑的教室里。今天上课的时候，心里想的都是这些可怕的感觉，一点都听不进去老师讲的课，晚上的作业怎么写啊？在学校坐了一天，什么也没学到。

家长该怎么办

一、令人心有余悸的噩梦

噩梦，也称梦魇，是困扰孩子睡眠的常见障碍。当孩子的内心中存在许多焦虑的因素，因为语言表达能力有限，加上某些环境因素的限制，感觉不得不被压抑着，找不到发泄的途径，在他晚上睡眠时，这些焦虑的潜意识就会较为活跃，经常以象征的形式浮现出来，形成难辨真伪的噩梦。虽然每个人都会做梦，大多数梦都在醒来之后被忘得一干二净，可是噩梦却总是能让人记忆犹新，甚至"真实"得让人分不清梦境与现实。梦境往往是现实的缩影和变形，而现实也常常被噩梦所惊扰，让人心有余悸，在真实的环境中去回忆那些"不真实"的影像，在现实的世界里去感受那些"不存在"的感觉。噩梦的某些表现虽然与夜惊有些相同，但夜惊的孩子睡醒之后往往对自己惊醒的原因一无所知，事后更不会产生惧怕、担忧、焦虑的心理；而做过噩梦后的孩子在惊醒后大多能生动地回忆起梦中的人物、情节，甚至对一些细节也能做到过目不忘，紧张和恐惧的感觉会持续很长一段时间，让孩子不敢再次入睡，甚至到第二天还有清楚的记忆，对年纪尚小、分辨能力较弱的孩子会产生不良的心理影响。故事中的小迪就是因为一个噩梦，所以一整天都处于心不在焉、胡思乱想之中，注意力自然难以集中在正经事上，必然影响了正常的学习和生活。

二、告别噩梦，睡得安心

孩子做噩梦是一件难以预料的事情，没有人能控制自己做梦的内容，但是通过一些调理和疏导，还是可以大大减低孩子做噩梦的概率的。让孩子告别噩梦，睡得更加安稳、安心，是家长在提升孩子注意力时不能不做的一件事。

1.找找做噩梦的原因

现实中发生的事或多或少地会诱发噩梦的产生，家长应该细心一些，善于观察孩子的生活，为他解除各种容易导致噩梦发生的诱因。心理上的焦虑、压力是引发孩子做噩梦的一方面，身体健康原因也是一方面，比如有些孩子患感冒、寄生虫感染等疾病时，也会做噩梦。孩子生长发育快，钙及其他营养素不能满足身体的需要时，也会做噩梦。此外，不舒适的睡姿、压迫胸腹，或是蒙着被子睡觉、呼吸不畅，或是身体露在被子外、受凉，或是夜晚憋尿、蚊虫叮咬，都会让孩子的身体觉得异样，继而产生噩梦。家长应该对症下药，从源头上排解孩子的烦恼、改善孩子的体质、改变孩子不良的睡眠习惯，给孩子的睡眠创造安稳的条件。

2.做孩子的"心理医生"

孩子做噩梦后，常常会哭醒，第一个做的事就是喊爸爸叫妈妈，找人保护、倾诉、安慰。这时候，家长应该将孩子抱在怀里，加以耐心的安慰，用幽默、温和的语言向孩子解释没有什么可怕的东西，同时告诉他爸爸妈妈就在身边，增加他的安全感、扫除他的顾虑担忧。但是需要注意的一点是，不要在孩子面前坚持指出"噩梦不是真的",对孩子而言,它真实得不能再真实,家长的否定等同于对他的不理解和不同情,这时候与其反复告诉孩子"这不是真的",不如从"它并不能伤害你"这个方面来安抚孩子万分惊恐的情绪更有效果。

48
走出"打鼾是睡得香"的误区

情景再现

　　小梅和小丽是姐妹俩,住在一间卧室里,晚上夜深人静之时,小丽就翻来覆去地睡不着,为什么呢?因为不知道从什么时候起,大她4岁的姐姐小梅晚上睡着之后开始打鼾了。

　　听着一声接一声的打鼾声,小丽睡意全无,不得已走到姐姐的床前推了推小梅。

　　小梅翻了个身,鼾声停止了。

　　小丽刚要回床上睡觉,小梅又开始打鼾了。如此的情景已经发生了好多次,小丽的耐心耗尽,跑去妈妈那里告状。

　　"妈妈,姐姐晚上睡觉打呼噜,吵死人了,我都睡不好,总是需要我去推一推她,她才能安静点。"小丽委屈地说。

　　"打呼噜说明姐姐睡得香啊,你总去推她,她怎么能睡得好,晚上睡不好,白天学习也没精神啊。我说小梅最近怎么注意力下降了呢,和你有关系哦。"妈妈说道。

　　"她睡得香,也不能不管我呀。"小丽嘟着小嘴。

　　"你比姐姐早点睡着,不就听不见打鼾声了。"妈妈说道。

"早点睡，早点睡，难道让我吃完晚饭就去睡觉吗！"小丽对妈妈的"建议"丝毫不满意。

当晚，小丽本来睡得正香，还做着美梦，怎奈又被姐姐的鼾声给惊扰了。

"姐姐！"小丽使劲摇着小梅的肩膀。

"啊！"小梅也从梦中惊醒，还没缓过神来，"我又打呼噜了？"

"是啊！"小丽抱怨道。

"对不起啊，我也不想这样的。"小梅也觉得自己很丢人，于是把被子蒙在头上，"我蒙着被子睡吧，这样即使打呼噜了，声音也会小点。"

看见姐姐这副样子，小丽也不知道是应该生气还是应该同情了。

孩子的心里话

姐姐怎么总是打呼噜啊？爸爸就打呼噜，将来我不会也打呼噜吧？姐姐晚上打呼噜的样子好像也很累，早上起床的时候感觉她都没什么精神。妈妈居然还说打呼噜是因为姐姐睡得香，睡得香会睡出两个黑眼圈吗？

家长该怎么办

一、打鼾不等于睡得香

打鼾是睡眠呼吸障碍的警告。那为什么会出现睡眠呼吸障碍呢？多种原因引起的呼吸调节障碍性疾病，是造成儿童睡眠呼吸障碍的原因。比如反复的呼吸道感染、哮喘、扁桃体炎、腺样体肥大、肥胖和遗传等。孩子上呼吸道感染时，炎症的反复刺激会让增殖体和扁桃体显著增大，以至堵塞后鼻孔，阻塞上呼吸道，鼻塞、流鼻涕、听力下降、睡时张口呼吸和打鼾等症状也就同时出现了。

打鼾会严重影响孩子的睡眠质量，导致孩子晚上睡得不安稳，身体得不到真正的放松休息。白天就会出现头痛、头晕，上课注意力不集中，记忆力下降，反应变慢，学习成绩下滑。长期打鼾还会引发佝偻病，孩子的生长发育都会被牵累。

二、带孩子走出打鼾泥潭

家长应积极改善孩子的睡眠质量，可以利用孩子好动的天性，和孩子一起运动，加强孩子的身体锻炼，改善孩子的身体素质，放松孩子的紧张心情。

家长要帮助孩子调理其饮食习惯。晚上不宜让孩子吃太多东西，减轻肠胃负担能够起到改善睡眠质量的作用。再者，家长还需要纠正孩子偏食行为，适当补充因偏食挑食孩子身体必需的各种维生素。

对发生张嘴呼吸和打鼾的肥胖儿童，家长特别要注意帮助孩子减肥。儿童应该在10岁前降到标准体重，行动越早，效果越好。儿童减肥不建议使用药物治疗，会对孩子的身体造成一定伤害，应该从日常饮食入手，从而达到减肥的目的。

黄瓜有助于抑制各种食物中的碳水化合物在体内转化为脂肪，儿童适当多吃些黄瓜，能果腹并可降脂，是一种常见的减肥食物。一天吃2至3个苹果是健康减肥的好方法，因为苹果皮含有丰富的食物纤维，可以得到饱胀感，适合减肥需求。利水消肿的冬瓜也能帮助儿童减肥轻身，增进活力。

如果孩子的打鼾症状较为严重，经常发生呼吸骤停的情况，应该及时就诊，严重之时需要手术治疗。

49
正确应对内火

情景
再现

蜜雪这几天每天早上起来都是一副黑眼圈，她照照镜子，看见镜子里那个精神状态好像大病初愈般的女孩，不由得叹气。

"蜜雪，昨天让你整理的那份生字汇总，你弄好了吗？"妈妈问道。

"哎呀，我忘记了。"蜜雪这才想起来。

"我昨天和你交代的时候，你听什么去了？这都能忘记。"妈妈抱怨道。

"那我现在赶紧写吧。"蜜雪揉了揉疲乏的眼睛，去翻找纸笔。

"看你这副没精打采的样子，昨天不是9点就睡觉了吗？怎么会这样？"妈妈问道。

"我也不知道为什么，虽然很早就上床睡觉了，可是一直睡不着，翻来覆去一直醒着，好像12点多才睡着的吧。"蜜雪说道。

"这么点个小孩，你还失眠了？我和你爸爸天天工作那么辛苦都没说失眠呢。"妈妈说道。

听着妈妈这些"无关痛痒"的话，蜜雪更加犯困了。她一边抄写着课本上的生字，一边敲着自己的头，希望能让自己清醒一些，无奈这种外部刺激并没有什么效果，蜜雪不一会儿就进入了一种恍恍惚惚要睡着的状态。

"蜜雪! 刚起床又要睡觉吗! "要不是妈妈的一声呼喝, 蜜雪真的就要睡着了。

"你现在的注意力怎么这么差呀? 大人和你说话, 你不注意听, 学习的时候, 也不专心。"妈妈不满地说。

蜜雪一脸无奈地看着妈妈那副失望的表情, 不知道该说些什么。

孩子的心里话

这种情况已经出现好长一段时间了, 晚上睡不着, 白天没精神, 整个人都无精打采的, 对周围发生的事反应迟钝, 对老师讲的课也有种控制不住的有心无力的感觉。本来觉得早上精神不好, 晚上就早点睡吧, 可是每天晚上又怕自己睡不着, 心情反而很激动、焦虑, 越睡不着就越烦, 越烦就越睡不着。我该怎么办呢?

家长该怎么办

一、内火造成注意力差

其实孩子因失眠引起的注意力下降也是时有发生的。究其原因常常与心理、生理因素的影响密不可分, 最常见的原因莫过于家长期望高、学习压力大、人际关系不当、考试前紧张焦虑、遭遇意外打击、考试成绩不好等等。原来孩子的世界里, "烦恼"也是经常存在的。这些烦恼积少成多就会在孩子的心里积聚成内火, 让孩子在应该淡定的时候烦躁、应该睡觉的时候焦虑, 在体内之火"灼烧"的同时, 身体得不到良好的休息, 这是很多孩子睡不好的"通病"。

二、提升注意力, 为孩子去火

这个时候, 家长要帮助孩子提高注意力, 仅仅去劝说开导是难以标本兼治的, 从身体健康方面祛除内火是必不可少的一步。一般不建议让孩子服药治疗, 用食疗和按摩的方法才最适合肠胃娇弱的儿童去火安神, 具体方法如下：

1.饮食去火

有一些食物是非常容易让孩子上火的，家长应该减少、避免让孩子食用，尤其是在孩子的情绪已经很紧张焦躁时，更是应该远离这些食物，免得让注意力不集中的现象被火上浇油。让孩子少吃辛辣食物，比如大葱、辣椒、胡椒、芥末、咖喱等；让孩子少吃油炸油腻食物，比如炸鸡腿、炸丸子、炖猪肉等；让孩子少吃热性水果，比如荔枝、杧果等；让孩子少吃零食，比如花生、巧克力、甜食这类食物；让孩子少吃补品，因为儿童本身就是阳性体质，再服用补品更容易导致内热；让孩子少吃羊肉、狗肉等性温热的肉类。

2.按摩去火

根据不同的上火症状，找到相应的按摩点灭火是家长帮助孩子提高注意力、安神静心的"必修课"。中医认为，人体有5个去火点，哪个部位上火了，就可按摩相应的去火穴位，从上到下依次为：

（1）"眼屎多"的去火按摩。眼屎多的去火点在无名指指甲旁靠近小指侧，在此处用拇指指尖按摩，每日2至3次，每次1分钟左右。

（2）"鼻火"的去火按摩。鼻火的去火点在手上的拇指根部肌肉明显的突出部位，每天按摩2至3次，每次3分钟。

（3）"烂嘴"的去火按摩。治疗烂嘴的去火点在脚部第二趾。按摩其末节指甲靠近第三趾的侧面，每天按摩1次，1次100下。

（4）"牙疼"的去火按摩。"牙疼不算病，疼起来要人命"，这是很多人都深有体会的一句俗语。牙疼的去火点在脚背，上面2和3趾间缝处是足阳明胃经去火点。每天在该处按摩2至3次，每次1至2分钟，有着缓解牙疼症状的作用。

（5）"尿黄"的去火按摩。治疗尿黄的去火点在脚部小趾外侧的趾甲旁边，每天按摩两次，每次1至2分钟，最好选择在下午膀胱最活跃的3至5点进行按摩。

第八章
训练：方方面面助阵注意力提高

众所周知，在军事上想要战胜各种地理和时间的困难，战胜军队的疲劳状态，最终集中自己的兵力而不被觉察地战胜敌人，都需要调动方方面面的因素、运用形形色色的手段。在培养孩子的注意力时也是这样。注意力不集中就是敌人，注意力就是自己的兵力，想让孩子能够集中精力去战胜散漫无序、三心二意，家长就要学会运用各种各样的手段，从各个方面加强对于孩子的训练。这一章就重点介绍了很多训练提高注意力的项目、训练注意力的方式，只要能坚持下来，相信原来学习时东张西望、做事时大大咧咧的孩子一定会有所改观。

50

记忆训练，增强记忆力

　　鸣鸣在妈妈的眼里就是一个马大哈，做什么事情都三心二意的，应该记住的事情总是忘记，应该关注的事情总是忽视，应该早就做完的事情却总是迟迟没有进展，尤其是和学习相关的事情，鸣鸣的表现更是糊里糊涂的。

　　有一天，鸣鸣一蹦一跳地走在上学的路上，看着被行人脚步惊飞的麻雀、看着早点摊位上忙忙碌碌的人们、看着马路上堵成了一条长龙的车队，他的脑海中冒出了无数个想法：我应该抓一只麻雀养养、妈妈不让我吃油条、爸爸的车估计也被堵在路上了……想着想着走到校门口，抬头看见远处操场上的旗杆之时，他才想起自己今天又忘记戴红领巾了，这会让班级被扣分，他又该被班主任训斥了。怎么办呢？鸣鸣赶紧往家里飞奔。

　　"妈妈，我的红领巾呢？"鸣鸣心急火燎地问道。

　　"昨天不是和你的校服放在一起了吗？"妈妈说。

　　"我没注意到啊。"鸣鸣一脸无辜地说。

　　"又是'没注意到'，这都是第几回了，不是忘拿书本，就是忘拿笔，光红领巾一年就弄丢了20多个。作为一个学生，心思都不放在和学习学校相关的事情上，你的注意力都放在哪里了？"妈妈一看到鸣鸣这副样子就气不打一处来。

"好啦，好啦，等我放学再说吧，我现在赶时间，一会儿要迟到了。"呜呜找到了掉在椅子下的红领巾，抓起来就往外跑。

"以后别再忘记戴红领巾了！"妈妈冲着呜呜的背影叮嘱道。

孩子的心里话

在妈妈眼里，我就是个"糊涂大王"，但也不知道怎么回事儿，我就是记不住这些事情，总是忘记带东西。我的记忆力真是太差了。我也不想被妈妈批评，我该怎么办呢？

家长该怎么办

注意力是记忆力的基础之一。因为良好的注意力是人们积极性、主动性、关注性、意志力相互融合的表现。这些因素都能够帮助人们充分发挥自身能力去记忆更多的知识，注意力集中所表现的是对于知识的需求。正是这种全神贯注的精神状态维持着吸收知识时的最佳状态，所以也可以说记忆力是注意力的结果。注意力和记忆力是相辅相成的，正像上面故事里所描述的，呜呜没有注意到这些生活的细节，没有认识到它们的重要性，所以遗忘了这些事物，忘得越多，越对相关事物难以集中注意力。呜呜的"三心二意"、"糊里糊涂"并非是成心所为，很大程度上是被其较差的记忆力所影响的，家长千万不能只看表象而对孩子上纲上线、自认为孩子不懂事不听话。

一、清除有关孩子记忆力的误解

1.记忆力不好是天生的

国内外大量的研究都证明：95%以上的孩子的遗传因素是差不多的，其中有1%至2.5%的智力方面突出、遗传因素较好的儿童，尤其是他们的记忆能力有超人的表现，可两三年后这些儿童各个方面的能力与其他大多数儿童几乎没有什么差别了。而另一些原本没有什么特别表现的孩子，反而各方面都有了超常的发展，有的甚至成了"数学神童"、"小作家"、"小艺术家"。为什么会这样呢？进一步的研究发现，哪些记忆力原本不错的孩子，因为缺乏后天的训练和巩固，所以将自己的能力停滞在儿时辉煌的层次之上，被后来者居上，失去了原本的优势。

所以可以获知：记忆能力的好坏受先天遗传因素的影响并不大。它主要是后天教育与训练的结果，孩子现在的记忆力不好很可能是因为教育的力度和重视程度不够，而不是生理原因造成的。

2.记忆力很好不需要训练

一些家长自认为自己的孩子很聪明，学什么都能记住，孩子自信满满，家长也胸有成竹，尤其是当孩子表现出很多成人都记不住的事情，他却能记住的时候，更是让家长对于孩子的未来"高枕无忧"，自认为孩子有天生记忆的禀赋，不需要进行训练。这种误解意味着将孩子的自信推向自负，推向依赖自己的天赋、注意力分散地对待学习的生活状态中去。记忆能力的考核内容包括记忆速度、记忆容量、遗忘速度和需要重复次数，当孩子进入小学之后，需要记忆的知识面和知识量都比从前大幅增加，若是天资聪慧的孩子这时候的记忆方法不得当、记忆训练不足量，得不到良好的教育和训练，应对学习的时候便很难像以往一样得心应手，优秀的遗传因素就会下降到正常孩子的水平。

二、增强孩子记忆力的方法

苏联大文豪高尔基说过："游戏是孩子认识世界的途径。"家长应该把知识融于游戏之中，可使孩子在游戏中学习，在游戏中记忆，巩固和丰富孩子的知识，发展孩子的语言和智力。

1.按次练习法

家长可以准备一张纸，上面由上至下写下一些知识内容，让孩子依次去记忆，然后将纸上的内容加以遮挡，向孩子逐个展示这些知识内容，每露出一个知识内容，就让孩子去回想出下面紧接着的内容。

家长还可以找出一些图片，排列好顺序，给孩子看三遍后，遮上图片，然后每露出一个图片，让孩子说出下面的图片是什么。

家长随机写出一串数字，如1 2 4 6 9 28 10 4 21 20 1 5 11，让孩子观察一分钟，然后遮上数字，并按从左到右的顺序把数字显露出来，每露出一个数字，让孩子说出它右边的数字。

2.刺进练习法

家长可以让孩子先去记忆一些知识内容，但是记完之后无须让孩子立刻去加以回想，而是让孩子去做其他无关的事情，做完之后再让孩子去回想前面记忆过的知识内容。

家长可以给孩子讲一段连续性的童话故事，让孩子记住每天讲到哪里。第二天开始继续讲故事时，可以先问问孩子："昨天讲到哪儿了？"问问大概的故事情节，比如何时何地主人公做了什么？谁说过什么样的话？看看孩子有没有记住。经过长期的训练之后，孩子对一件事的关注度便可以有效提升，注意力也变得集中了。

3.频度练习法

家长可以重复向孩子展示一些知识内容，其中有一部分知识需要多次出现，让孩子留意这些知识内容出现的次数。

家长准备出几种动物的图片，比如猫、狗、兔子、马、大象、羊、老虎等，让孩子留心观察兔子和老虎的图片出现过几回。然后家长按照顺序（猫、狗、兔子、马、大象、羊、老虎、猫、大象、羊、老虎、狗）展示给孩子看，每个图片展示的时间为一秒钟左右，让孩子说出答案。

家长让孩子留心听一下数字"5"共出现了几次，然后顺次把数字念给孩子听，比如2、9、5、8、4、7、2、7、5、0、1、1、6、6、5、9，每秒钟念一个。

51

联想训练，放飞风筝拉紧线

近段时间，天天妈妈经常接到学校老师的电话，说天天上课时注意力不够集中，总是左顾右盼，还不时做些小动作哗众取宠。可是这几天老师没有再打来电话，妈妈知道，不是因为天天变好了，而是因为老师已经无可奈何了。但身为妈妈绝不能对自己的孩子放任自流，结合孩子在家的表现，学习幼教专业的天天妈妈决定对天天进行联想训练来培养他的注意力。

"天天，你打算画点什么呢？"妈妈看着面对画纸正在犹豫不决的天天问道。

"我也不知道。"天天心不在焉，只是随意在纸上画了一条直线。

"你不是已经有一条直线了吗？你看，它多像是地平线啊，你可以在上面画个太阳，下面画点什么好呢？"妈妈循循善诱地说。

"嗯，画大海可以吗？"天天说。

"当然可以呀，然后你再想想大海上面可以画些什么？"妈妈问道。

"画帆船，画鲸鱼，画小岛。"天天边想边说。

"你想到小岛上可以画什么了吗？"妈妈继续问。

"画小树、小人。"天天的脑海中已经有了一副"完整"的画。

"既然你都已经想好了，那就开始下笔吧，把你想象的这些都画出来。"妈妈微笑着说。

天天这时候已经不再迷茫了，他拿起蜡笔，专心致志地画了起来，其间几乎都没有分心。妈妈非常高兴。

后来，天天妈妈要出差一段时间，联想训练的接力棒就交给天天爸爸了。临走前，天天妈妈告诉他："天天经常在和别人聊天的时候漫不经心，有时候一问三不知，这时候你就应该从'为什么、做什么、何人、何时、何地、如何'这6个角度问他感兴趣的事，让他的脑袋里有事情可以去思考，这样一来，孩子的注意力自然就集中了。"

周末的一天，天天爸爸利用假日去旅行，想起妈妈临走留下的秘籍，决定试上一试，于是问天天："天天，你来规划我们这次的出行好不好？"

天天兴奋地答应了，终于可以做主了。

然后，天天和爸爸一问一答地聊着：要到什么地方去旅行？到哪里坐车？到什么地方住宿？谁去买票？谁去准备茶点？谁负责行李？什么时候去较好？什么时候回来？旅行时可以安排做些什么事？要如何安排行程才会让大家愉快？为什么要利用假期去旅行？一股脑儿地问下来，天天的注意力已经完全集中在旅行的相关事宜之上了。

一个月后，天天妈妈跟老师交谈孩子的情况时，了解到天天在学校的表现发生了翻天覆地的变化，上课时注意力集中了，拿老师的话说："天天跟变了个人儿一样。"

孩子的心里话

这个"联想训练"真是不错，很有意思，也很有效果，自从我被"训练"之后，上课的时候就不怎么走神了，老师也不会经常批评我了，老师还经常在妈妈面前表扬我呢。

❓ 家长该怎么办

联想训练法能够通过引导孩子对事物逐层加深的理解和兴趣来调动孩子的积极性和注意力。这个方法可以让孩子在想象之中把自己的实际能力和事物的实际难度结合起来，不再畏难，不仅把眼光放在当前，也放之于寄予美好希望的未来。这个方法也可以给枯燥的事物增加趣味性，把抽象的事物用具体形象的语言描绘出来，让孩子不再因觉得"无聊"而转嫁注意力到那些"有趣"但无关的事情上。渐渐地，孩子上课时也就对老师说的内容展开联想，做到举一反三，学习注意力提高了，学习效果也能直线上升。

一、引导想象力，提高注意力

联想思维是由一事物的概念、方法、形象想到另一事物的概念、方法、形象的心理活动。"由此及彼，由表及里"这八个字就可以简单概括出联想训练的步骤。比如在孩子画画的时候，他看到红铅笔就会想到蓝铅笔，想到更多的彩色铅笔，想到这些颜色会在画纸上呈现出的状态，想到画一个点，再画一条线，再画一个圈，再将圆圈涂上颜色……最终完成一幅画。

家长想要让孩子的注意力集中，就应该学会如何将孩子所思考的内容与现在要做的事情紧密地联系在一起，去引导孩子的想象力。

方法一：让孩子把不熟悉的事物，与他所熟悉的事物相配对，使之能够在已掌握的旧知识与新问题之间找到内在联系，从而让孩子变换思考的角度，更乐于去加以思考，专注于这件事。比如：在孩子学习乘法之时，可能对乘法口诀这种抽象的概念缺乏快速的理解能力，家长可以让孩子去设想一下5乘5其实是小朋友排队，一行5个人，排成5行，将单调的数字联想成实体的物品，在脑海中将乘法联想成加法的罗列堆积，如此去理解乘法。

方法二：将一件庞大的事情细分成若干角度去加以了解和想象。故事中的天天和爸爸就做得不错，旅行是一件很大的事情，对孩子来说是相当抽象而且未知的，如果简单地询问孩子："咱们要出去旅行，你有什么想法？"孩子很可能会因为问题太过泛泛而无从思考，失去思考的主动性。但若是像天天爸爸那样将问题细化处理，效果就会好很多。一个接一个的问题，一个接一个的不同角度，让孩子能够有的放矢地去开动脑筋，计划着什么时候出发、什么时候回来、需要花费多少、都要去哪里……一问一答、一问一想之间，孩子的注意力被牢牢地固定在旅行这件事上，当这些问题都逐一有了答案之时，整个旅行的蓝图也就尽收眼底了。

二、放飞风筝拉紧线

联想能力的基础是想象力，但想象力常常是不受拘束的，是天马行空的，甚至是毫无关联的。只有那些受理性思维驱使、有凭有据的想象才能作为联想训练的内容。孩子的想象力是很丰富的，但经常会变成胡思乱想，反而影响注意力的集中。家长应该帮助孩子把握好联想训练的大方向，将孩子需要想象的内容和此刻要做的事情联系起来。打一个形象的比喻就是"放飞风筝拉紧线"。孩子就是风筝，想象力就是风，家长的引导就是风筝线。当孩子对家长所引导的问题的思考内容开始偏离轨迹的时候，家长要敏感地发觉，并且及时把孩子的思路拉回来，保持在既定的轨道上。收放有度是保证联想训练对注意力起积极意义的原则。

52

转移训练，利用代换效果集中注意力

情景再现

周六下午，西西正在如痴如醉地看着电视里的动画片。

"作业写了吗？"爸爸问道。

"还没写。"西西漫不经心地答道。

"为什么还不去写？"爸爸有些不满意。

"我明天再写。"西西说。

"明天？我怕你明天又要看一天的电视，你还是现在就去写吧，写完了再去玩。什么事情都是赶早不赶晚。"爸爸指示道。

西西看了看爸爸，又看了看电视，左右为难。

爸爸直接把书包丢给西西，"赶紧写。"

西西只好翻出作业本，开始写起来。可是他根本没有从看动画片的兴奋劲儿里抽离出来，心里还惦念着电视里正在播放的节目，根本没有心思去写作业。手里拿着铅笔，迟迟不肯下笔。

"你干什么呢？都说了，写完作业再看电视！"爸爸提醒道。

"你让我先缓缓，我现在不想写作业，你硬要我写作业，我得酝酿一下写作业的情绪。"西西解释道。

"写作业就是写作业，还需要什么情绪？给你半小时，到时候要是写不完作业，动画片你也别看了。"爸爸十分不理解西西的想法。

孩子的心里话

写作业当然也需要情绪了，爸爸一点都不理解我，满脑子想的就是让我写作业，不管我正在做什么、想要做什么。

家长该怎么办

有些家长会发现孩子有这样一种表现：孩子在一件事情上集中注意力之后，很难再去迅速地把注意力转移到另外一件事情上去。就像是正在看电视的西西突然被爸爸叫去写作业，一时间还需要"缓缓"才能进入状态，没办法立刻投入到专心学习之中。遇到这样的情况，家长应该怎么办呢？

一、先做感兴趣的事情去调动注意力

家长可以教孩子在无法集中精神时，先做其他一些操作简单、不费思考的事情，以此来缓解精神、消除杂念、稳定情绪，从而集中注意力。而且在学习之前，完全可以先去做好各种和学习内容有关的准备工作，比如整理书包、整理书桌、削铅笔、写计划书等等，有助于解除学习时的后顾之忧，帮助孩子集中精神。最有效的快速转移注意力的方法就是让孩子先去做自己感兴趣的事情，并彻底做完。孩子心无挂念之时，自然能对讨厌的事情也拿出点"一心一意"来。

二、注意力快速转移训练

平常的时候，家长可以带着孩子做一些注意力快速转移的训练，帮助孩子从前一件事情的"瘾"和思维定式中全身而退，没有干扰地投入到下一件事情当中。

1.写数字

第一步：准备一张纸，中间折一下，让孩子在纸的上半部分按顺序写出阿拉伯数字，如1、2、3、4、5、6……然后停下来。

第二步：让孩子在纸的下半部分写出汉字数字，如一、二、三、四、五、六……然后停下来。

第三步：家长每隔半分钟向孩子发出指令，"写数字"，孩子就继续写阿拉伯数字，"写汉字"，孩子就转而继续写汉字数字。根据孩子的反应速度和书写正确率来调整两次命令的更换频度。

2.写算式

第一步：准备一张纸，让孩子在纸上写出半空白的算式，如

1□2=□

3□4=□

5□6=□

7□8=□

第二步：根据孩子的做题速度，家长每隔几秒钟向孩子发出指令"加法"、"减法"，如家长说"加法"，孩子在1□2的空白处填上"+"号，算

出结果，写出来；然后家长说"减法"，孩子在下一道题3□4的空白处填上
"－"号，算出结果，写出来。

第三步：一页纸的题目做完之后，统计正确率，根据孩子的反应速度和
计算正确率来调整两次命令的更换频度。

53

形象训练，不枯燥的注意力

情景再现

小怡正在写作业，中途妈妈走过来"视察"，发现语文作业里错字
不少，不由得心里不开心。

"你看看你写的是什么啊？'来往'写成'来住'，这两个字你分
不清吗？上课怎么学的？"妈妈批评道。

"我不小心写错的嘛。"小怡忙找借口。

"罚你把'来往'两个字写一百遍。"妈妈说道。

"好多啊，我会累死的。"小怡皱着眉头说。

"不让你累点，你怎么能记住？"妈妈说完，就继续忙自己的事情
去了。

小怡不情愿地拿出另一个作业本，开始接受惩罚。可是写着写着，
她就失去了耐心，开始写写停停、东张西望起来。一个"来"字写了一
半就停在那里，小怡面对着它，不是抓抓头发就是捏捏铅笔，始终不肯
继续写下去。

这一切都被再次来"视察"的妈妈看在眼里，"你怎么不写了？想
什么呢？学习的时候能不能注意力集中一些？"

"一遍遍地写太没意思了，无聊极了，写得我的头都晕了，谁能写得下去啊？"小怡抱怨道。

"你这是什么学习态度呀？罚你再写50遍。"没想到妈妈不仅不理解小怡，而且加倍惩罚了她的注意力不集中行为。

孩子的心里话

罚抄本来就是很无聊的事情啊，在学校老师要罚抄，在家里妈妈又要罚抄，这么没有乐趣的事情怎么让人集中注意力呢？学习真是一件烦恼的事情。

家长该怎么办

研究显示，人的大脑右半球喜欢整体、综合和形象的思维，有人说右半球是形象思维中枢，它的思维材料侧重于事物形象、音乐形象和空间位置等。所以在开发人脑右半球的潜能时，主要就是利用形象记忆和形象思维活动。家长对孩子的形象训练正是侧重于这方面的内容。

一、放养孩子，丰富孩子的形象材料

提升孩子注意力，形象思维能力很重要，所以在日常生活，家长不要束缚孩子，只让他"宅"在家里，应该主动带孩子走出去参加一些娱乐活动、学习活动。去参观博物馆、去风景名胜景点旅游等等，以便尽量扩大孩子对自然和人类活动中的形象事物的掌握，广泛积累表象材料，丰富表象储备。头脑中的表象能够为形象思维提供原料，表象事物获取得越多，越会促进人脑右半球的活动。

比如，家长带孩子去户外旅游之时，可以引导孩子分清东西南北，明确方位的概念，了解地形地貌、建筑特色、节令变化；带孩子去室内参观之时，哪怕是去商场和餐厅，都是一个很好的形象训练机会。家长可以引导孩子在认识各种人、事、物时，细心观察其特征，将特征与整体轮廓相结合，

以此在脑海中形成独特的模式，方便以后进行识别和记忆。家长带孩子路过商店橱窗时，先让孩子仔细观察一下陈列在橱窗里的物品。等橱窗离开孩子的视线之后，再要求他说出刚才所看到的物品。家长也可以让孩子观察路边的广告牌，让他说出上面写了什么广告语、宣传的是什么商品，或是去观察公园里的花坛，让孩子说出有几种颜色、种类的花等等。

家长还可以引导孩子经常用美好愉快的形象进行鲜明、生动的想象，比如在记忆中寻找那些令自己感觉舒服、愉悦的往事，遐想美好的未来，这不仅能使孩子产生良好的心理状态，还有助于训练孩子集中注意力。

二、调动多种感官，直线提升注意力

孩子注意力不集中，往往表现为三心二意，手里做的、眼里看的、耳里听的、心里想的都不是一件事情，注意力被瓜分了，自然难以在正经事上凝聚起来。比如，孩子有时候会边想着做作业、边听着电视节目，边画画、边想着滑冰。这里的"手里"、"眼里"、"耳里"、"心里"就是人的触觉、视觉、听觉、第六感的感受。因此，想要帮助孩子提升注意力，一个较好的方法就是尝试采取具体形象、生动鲜明的物体，调动孩子的多种感官——视觉、听觉、嗅觉、味觉、触觉参与活动，使需要孩子去专注从事的事物能够随之形象具体起来，以引起孩子的兴趣。这种方法能够获得最好的尝试记忆效果，还可以通过记忆力的提高带动起注意力的提升。

在引导孩子去专注于学习内容的时候，家长可以用实物、标本、模型、图画等直观教具多方面刺激孩子的感官去进行辅助教导，孩子产生形象记忆，提高记忆能力，"听话"和"听课"的效果就会好起来。孩子在学习数的组成、加减法之时，面对这些比较抽象的知识常常会走神，家长可以利用教具演示、讲解，加之孩子动手操作，很快便能理解概念、掌握知识。孩子在音乐课上学习歌曲之时，家长如果运用图片、实物向孩子解释歌词内容、含义，孩子就更容易利用视觉和听觉的合作去理解并且记住这些高度概括化的歌词。其他各科知识的学习也是如此。家长学会恰当地运用不同的教具，就会使孩子最大程度地利用自己的感官去轻松地记忆知识。

生活中，家长可通过一些琐碎的事情让孩子加以训练，让注意力集中成为一种习惯，进而在学习等多个方面提升注意力。

54

归类训练，凝聚注意力

情景再现

奇多上二年级了，在学校是个淘气包，上课时经常因为不认真听讲而被老师批评。在家里他也如此，总是会在大人费力收拾整齐的屋子里，转眼之间把各种玩具散落在地上。玩一会儿这个，玩一会儿那个，每个玩具都无法专心地玩上5分钟，奇多的注意力就会被别的玩具吸引走。

这不，买菜回家的爷爷奶奶看到地面一片狼藉，就又数落开了："小祖宗呀，你能听点话吗？你妈妈收拾了一上午，你又弄成这样。还不赶紧收拾一下。"

奇多非常不情愿地开始收拾起来，可是面对这么多乱七八糟、花花绿绿的玩具，他完全不知道如何下手。奇多拿起一个玩具想要放到玩具箱里，可是还没走到地方，他又玩了起来，全然忘了自己是在整理玩具。

"你怎么又玩上了？"爷爷看不惯地说。

"太乱了，我不会收拾。"奇多说道。

爸爸闻声从卧室里出来了，对奇多说道："确实是很乱啊，不过，我有一个好办法，收拾起来一点都不难。"

"什么办法？"奇多问道。

"我们把这些东西都归个类，收拾起来就方便多了。"爸爸说。

"好呀，好呀。"孩子高兴地响应。

"这个和这个颜色是一样的，应该归在一起，那个和那个形状差不多，应该归在一类。"爸爸给奇多做示范。

"这个东西和那个东西重量都差不多，也应该放在一起。"奇多自己也摸索出了归类的办法。没多久，满地的玩具就被他自己动手收拾好了。

爸爸伸出大拇指表扬奇多道："你看，只要掌握了方法，专心去做一件事、把它完成，其实一点都不难，对不对？我们家的男子汉真棒！"

孩子的心里话

爷爷奶奶动不动就批评我，总是让我去做这个做那个，做不好又要唠叨我，好烦呀。他们让我去收拾玩具，却没告诉我应该怎么收拾，我只会觉得这件事很难，没办法集中注意力轻松地去做。还是爸爸好，爷爷奶奶应该多向他学习一下，爸爸的归类法真的不错。

自从有了爸爸的办法，现在我学习的时候也变得轻松了。老师布置的作业，我简单归类，同类的用同一种方法，做题很快很准，老师还表扬我了呢。

家长该怎么办

一、归类训练，授之以渔

就像故事里所讲的一样，想让孩子专心地收拾自己的玩具，家长可以教会孩子如何采用物体归类法。什么是物体归类法？就是把物体按照各自的大小、颜色、形状、质地、重量分成各具共同属性的若干组。这样的话，不仅可以让孩子在做整理工作之时得心应手、提高效率、一气呵成，也可以让孩子以后找东西时，不用到处翻箱倒柜，要什么东西都有的放矢、随手拈来，所以孩子的注意力也就不会像玩具一样散落各处，而是变得更集中。事实上，归类训练还是一种智力活动，可以引导孩子从错综复杂的许多事物中找出共性的东西，并分别进行归类，使他能更概括地认识客观事物，清楚地用语言表达自己的思想。如果将归类训练规定成限时的训练，又可以锻炼孩子在一定时间内高度集中注意力去做事的能力。

二、教给孩子归类的几种方法

名称归类法：家长教孩子对物品进行分类时，首先要教他学会从一堆物体中找出名称相同的物品。刚开始的时候，家长可以给孩子一些同样颜色、同样大小的简单物品，让孩子找出名称相同的物品，然后逐步训练孩子去排除物品的颜色、大小等干扰，只把相同名称的物品归类出来并摆放在一起。

比如，从一些不同的歇后语中找出关于老虎的歇后语：

老虎吃蝴蝶——想入非非（飞飞）

老虎跳舞——张牙舞爪

老虎打哈欠——口气真大

老虎捉蟋蟀——笨手笨脚

老虎吃太阳——白张了嘴

老虎打架——不敢劝，没得劝

老虎当和尚——人面兽心

老虎披着羊皮——装样（羊）

特征归类法：既按照物品的特征分类，比如按颜色、数量、形状等分类。家长可以给孩子准备一些形状、颜色不完全相同的物品，要求孩子能排除物品的形状干扰，在一定时间内正确地按物品的颜色分类。

55

歌诀训练，先容易上口，再容易上心

情景
再现

　　小贤上了小学，小贤妈妈看着已经成为小学生的儿子，心里十分欣慰。可是开学没几天，老师的电话就打来了。

　　"小贤是个很聪明的孩子，就是纪律性不够好，上课的时候总是分心，刚开始还听听课，没过一会儿就不自觉地东瞧瞧、西看看，桌面上有什么东西都想玩，一支铅笔、一块橡皮都能让他玩上半堂课。"老师说道。

　　"我们一定注意，好好教育他。给您添麻烦了。"妈妈挂了电话，就把小贤叫过来，认真地跟孩子沟通一下。

　　小贤也认识到自己的错误，态度很好。但是此后的几天，他的表现却仍没有什么起色，还是老样子。一堂课要溜几回神，等到老师提醒而转过神来听课时，就快下课了。渐渐地，"没有听到"的知识越来越多，小贤与其他同学的差距也就越来越大。小贤经常在老师提问时一问三不知，拼音拼不对，字也写不好。他自己也明白上课应该认真听讲的道理，但就是改不过来，一上课又不自觉地神游了。

　　这样的情形在一次小贤观看妈妈买的儿歌光盘时意外改变了，怎么回事呢？原来，妈妈看见小贤总是坐在电视机前看动画片，心想：与其看这些动画片，嘻嘻哈哈一天，还不如看一点有助于学习的内容。于是妈妈为小贤购买了识字儿歌的光盘，小贤也看得津津有味。"爸爸的爸爸叫爷爷，爸爸的妈妈叫奶奶……妈妈的哥哥叫舅舅"一两次下来，原本连家长都觉得很难厘清的亲属关系，被孩子学得一清二楚。妈妈这才惊觉：原来孩子注意力低下，并不完全是他自身的问题，也有一部分老师和家长的原因，是我们没有找到合适孩子学习的方式。孩子对于单调枯燥的东西自然提不起兴趣、注意不起来，这种儿歌很有趣味性，孩子爱看、爱学，不仅注意力集中了，而且学习效果也很好。

孩子的心里话

我觉得老师讲课，就像是唱催眠曲一样，我根本就听不进去，不是快要睡着了，就是恨不得马上下课出去玩。妈妈后来给我买的光盘很好看，比老师讲课有意思多了，我连着看一个小时都不会觉得累。

家长该怎么办

一、刷新观念，孩子注意力差的原因

家长不能仅仅着眼孩子的不尽人意，不能仅仅把目光盯在孩子不能很好地自我管理、不能集中注意力上，而应该反省自己的教育方法和教育内容，要力争别开生面，抓住孩子的好奇心、引发孩子的兴趣、吸引孩子的注意力。在富有趣味的事物面前，孩子自然更加容易上心，加之适当的引导之后，注意力不集中的问题也就能迎刃而解。

二、巧找规律，帮孩子记口诀的方法

如何才算是别开生面的教育方法和教育内容呢？歌诀就是一个简单易行的方法。这是一种把需要孩子记住的知识编成自然、简洁、有节奏感、音乐感的"顺口溜"，或合辙押韵的句子，通过歌诀形式来加以记忆的方法。主要特点是：诵读起来朗朗上口；理解起来富有趣味性；记忆起来行云流水。这种训练方法通过简化复杂的知识材料，可以减少冗余的数量，增加有价值的信息的浓度，以此减轻孩子的大脑负担，让孩子不再抵触学习。从另一个

角度来说，这种方法可以让孩子有限的注意力得以用在刀刃上，集中注意知识点中的重点、难点，避免那些无用信息的干扰。而且歌诀训练能够把原本零散、关联性不大的知识点连接起来，使它们浑然一体，这时候再去理解记忆那些本来只能用机械方法记忆的内容就更有效果，对于开拓孩子的知识面、开发智力大有裨益。

56

健脑训练，提升注意力的良药

情景再现

行行是一个男孩，自小就长得比较胖，家长对他比较宠爱，想吃什么零食都不会拒绝他。学校附近，就没有行行没去过的小卖店，只要是在售的零食，就没有他没吃过的。虾条、薯片、爆米花都是行行喜爱的零食。行行的脾气也很好，学习也很用功，虽然成绩一直没有什么进步，不过爸爸妈妈也很知足了。

现在行行上小学三年级了，但家长眼里的乖孩子在老师的眼里却是问题连连。

"行行上课的时候总是坐不住，小动作特别多，经常影响到其他人上课。"老师对行行妈妈说。

"是吗？他在家时我都没注意到。"妈妈吃惊地说。

"行行挺喜欢学习的，就是注意力集中的时间特别短，刚开始还盯着老师，认真听老师讲什么，没几分钟就开始东张西望了。老师连叫了他好几声，他也好像没听见一样。"老师继续说。

"是不是他上课时犯困呀，所以反应有点慢？"妈妈猜测道。

"应该不是睡眠不足的问题，或许是和体重有关系。行行平时零食吃得多吗？"老师问道。

"零食啊，没少吃，天天把零食当饭吃，光吃那些没营养的零食怎么还吃得这么胖呢，我真是搞不懂。"妈妈说道。

"那些零食不光没营养，而且里面还有很多添加剂，对孩子的生长发育都是有害的，孩子的注意力也会受到影响。"老师说。

"零食会影响注意力？"妈妈十分不解。

"含铅多的零食确实会影响孩子的注意力，看来您平时得多看看相关的知识了。"老师面对行行妈妈的"无知"，只好无奈地苦笑一下。

行行在一旁听着老师和妈妈的谈话，手里攥紧了一个泡泡糖，心里痒痒得不行，就等着她们聊完，自己好一口吃下去。

孩子的心里话

老师说零食对身体不好？真的吗？含铅的零食会让我上课注意力不集中？我又没有吃铅笔，这和注意力有关系吗？真是不知道老师说得对还是妈妈说得对了。或许我就是睡眠不足吧，那样的话，我既可以多睡觉、还可以继续吃零食呢。

家长该怎么办

孩子能够聪明伶俐是家长的共同愿望，那么，怎么样才能使孩子更加聪明、注意力集中呢？身体是学习的本钱，健脑训练必不可少。家长应该如何安排健脑食物，为孩子智力发育提供帮助呢？建议注意以下几点：

一、适合消化，是健脑食物的总则

为孩子选配健脑食物的总原则是适宜消化吸收，只有能够消化吸收，才能使大脑得到营养，要求家长应该根据孩子的年龄、尚未完善的消化机能、特殊进食心理来选配健脑食物。否则，不但吃不出健脑的效果来，反而会损伤孩子的消化功能，让孩子生病，集中注意力也就无从谈起。

二、调理膳食，食物是最好的医药

碱类食品：人们日常食用较多的谷物类、肉类、鱼贝类、蛋黄类等属于酸类食品，大量长期使用容易导致记忆力和思维能力的减弱。所以应该让孩子的膳食结构合理化，酸性食物与碱类食物搭配食用，增加蔬菜、水果、牛奶、蛋清等食物的摄入量。

豆类及豆制品：豆类含有丰富的蛋白质、脂肪、碳水化合物及维生素A、B等。其中蛋白质和必需氨基酸的含量很高。想要让孩子的大脑得以全面发育、注意力集中，豆制品的食用是少不了的。

坚果类食物：坚果富含对大脑思维、记忆和智力活动有益的脑磷脂和胆固醇。应该让孩子适当吃一些核桃、花生、杏仁、南瓜子、葵花子、松子等，但不可过量，否则具有较高油脂的坚果容易导致孩子积食、消化不良。

苹果等水果：苹果含有多种维生素、无机盐和糖类等构成大脑所必需的营养成分，而且还含有丰富的锌，是孩子大脑发育的必备元素。

内脏及鱼肉：动物内脏大多含有不少的不饱和脂肪酸及丰富的矿物质、维生素，因此孩子可适量吃一些动物的脑、肝、瘦肉及鱼等。

57

目标训练，积极目标能提高注意力

情景再现

临近期末考试了，小勇家里的气氛又开始紧张起来。妈妈让他必须考到年级前10名，这对一直处于年级前10到20名的小勇来说压力很大。听到妈妈为自己设定的目标之后，他几个晚上都没有睡好觉。

"年级前10名有点难呀。"小勇无奈地说。

"难吗？你要是好好学习，就凭你这么聪明，这还算难？"妈妈说道。

"我的数学很好，可是语文很差呀。我怕语文拉下分数来。"小勇忧心忡忡。

"好好听课，多做练习，争取两个全是满分，没有什么实现不了的。"妈妈给儿子鼓劲。

为了实现年级前10名的目标，小勇熬夜学习，一连好几天都是晚上12点才去睡觉，拖着疲惫的身体、闭上模糊的双眼，可是心里怎么也平静不下来。一想到自己有可能会让家长失望，他就唉声叹气。第二天早上醒来时顶着两个黑眼圈，上课的时候也是哈欠连天。

在自认为做足了充分的准备之后，小勇信心满满地去参加考试了。可考试的时候他连最拿手的数学题都没法集中注意力去做，因为脑袋里总是不由自主地想着语文会不会考砸、语文卷会不会很难、会不会有自己没有复习到的地方……整个数学考试都伴随着对于语文考试的担惊受怕。

最后考试成绩出来了，小勇是年级第18名，完全没有实现妈妈预定的目标，而且还比去年落后了好几名。拿着成绩单往家里走的小勇，心情愈发地沉重起来。

孩子的心里话

为什么妈妈越是让我考得好一点，我就越是考不好呢？为什么我越是努力复习，越是不考我复习过的那些内容呢？真是郁闷，等一会儿又要被妈妈"期望"加"鼓励"了。

家长该怎么办

小勇妈妈为儿子设定了这样一个目标——年级前10名，希望他能够在这个目标的引领下专心听课、专心做题。初衷是好的，但为什么最终却未能如愿，让小勇发出"为什么妈妈越是让我考得好一点，我就越是考不好呢"的疑问呢？这或许和小勇的专注能力、智商并无多大关联，而是因为压力过大所致。

目标训练是一种激励行为，激励意味着适当的压力，如果设定的目标不合理，不够积极，就会导致孩子背负着太多的压力、心情消极，必然让初衷和结局南辕北辙。那么，对于小学阶段的孩子，家长该如何在训练注意力的过程中为孩子设计一个适当合理的目标呢？

一、设定大目标，明确孩子注意的方向

每个人都有自己的梦想，孩子也不例外，甚至他们的梦想更丰富，比如想当警察，想做教师，想成为科学家，想成为宇航员等等。虽然这些梦想最终未必会成为现实，但却是孩子现在内心里最大的目标、最大的动力。所以，家长应该鼓励孩子说出自己的梦想，甚至让他把这个目标写下来加以明确，切不可认为孩子的目标荒唐、幼稚，而说孩子"你这是白日梦"、"这不可能实现的"、"别瞎想了"，那样不仅打击了孩子的积极性，也让他失去了让自己集中注意力做事的动力。家长不要居高临下地做孩子梦想的嘲笑者，而要平等尊重地做孩子梦想的见证人。有了家长的支持和鼓励，孩子也会为实现目标而付出更大的努力。

二、设立小目标，可行性加挑战性

如果家长已经为孩子设定了一个远大的目标，而孩子似乎并不在意，没有为之努力的意思，那一定是因为他对自己要去承受这么大的目标既没有信心，也没有积极性。这时候家长就应该把大目标切分成十来个小目标，孩子每顺利地实现一个小目标，距离下一个小目标就更近一步，更有盼头、更有动力去坚持实现最大的那个目标。

但是小目标的设定并不同义于为孩子设定一个极其简易的目标。这个小目标必须是在孩子的能力之内，让孩子觉得既有一定难度，又具有挑战性的。那些不需要孩子去付出努力就能实现的目标，对提高注意力来说是没有激励作用的。

还要注意不要一次给孩子设定太多的目标。家长应该先从一个指示清晰的目标开始让孩子去实施。比如，让"孩子专心写完十道数学题"，如果孩子能够将这一件事情做得很好，游刃有余。家长便可以再设定其他目标，甚至同时设定两个目标，比如让"孩子专心抄写两遍课文，然后试着背诵一遍"。经常这样循序渐进地进行目标训练，孩子的专注力就会一天比一天有所提高。

小勇的事例说明，如果妈妈想要让小勇期末考试在年级前10名的话，应该在开学伊始就提出这个方向性的目标，在平常的学习中，还要有计划地制订出巩固数学、主攻语文的小目标来，不然小勇很容易在泛泛的大目标之下，无法认清现实，找不到努力的方向，以至于注意力分散，顾此失彼。若是临近期末才提出这个大目标，很容易就带来极大的压力，临时"抱佛脚"，孩子的身体也吃不消。而且建议家长最好不要为孩子设定考试名次这样的目标。它不仅抽象，而且有时难以实现，不如针对孩子的具体情况，将他不擅长的科目作为小目标，让孩子一心一意地超越自己，争取这次考试有所突破。

58

凝神训练，集中注意力

情景再现

岚岚这天放学后就来到妈妈经营的鞋店里写作业。虽然是临近晚饭时间了，可是仍然不时有客人上门，男男女女，人来人往。

岚岚写作业的时候原本就不够专心，这回更是无法集中注意力了。

"老板，这双鞋多少钱？"

"这双有点偏小吧，我平常穿36码的，这双37码的还有点挤脚呢。"

"麻烦您，我试试那双红色的。"

"老公，你看我穿这个款式的好看吗？"

"价格有点贵呀，能不能便宜一些？"

"老板，这双鞋是头层皮的吗？"

"我不喜欢这双，咱们再逛逛吧。"

岚岚不时地就被这些不同的语气、不同的口音、不同的内容吸引得抬起头来张望。妈妈招呼顾客异常忙碌，几乎没有去关注岚岚，岚岚也就任由自己从一个写作业的学生变成一个看热闹的闲人了。甚至她有时候还会和顾客搭上一两句话。

"这双鞋怎么卖？"一位顾客问了好几遍，忙着帮其他顾客试鞋的妈妈也没听到。

"鞋底上有价格签，然后原价再打八折。"岚岚作为店铺的"少主人"怎能置身其外呢。

等天色渐暗之时，妈妈终于送走了一拨顾客，整个店铺顿时安静起来。

"你的作业写完了没有？"妈妈问道。

"还没。"岚岚答道。

"还没写完？这都一下午了。"妈妈不解。

"店里一直来客人，我哪能静下心来写作业呢。"岚岚无奈地说。

"店里来客人和你有什么关系？又用不着你去招呼、卖东西。我看你就是不够专心，管不住自己。"妈妈说道。

孩子的心里话

真是冤枉人呀。周围这么吵，还有人和我说话，我怎么能专心写作业呢。下回我还是直接回家写作业吧，妈妈的店里真的不是能够学习的地方，太让人分心了。

家长该怎么办

岚岚就是被周围嘈杂的环境所干扰，所以无法专心学习的。她的行为也是一种意志力薄弱的表现，不能专注于自身的事情，不仅很轻易地就被转移了注意力，而且还主动去迎合那些与自己无关的事情。对于岚岚这样"墙边草随风倒"的孩子，最需要的就是意志力的提升——抗干扰能力的训练。凝神训练就是提高抗干扰能力的一种方法。它有两个方向，一个是如何在纷繁复杂、吵闹琐碎的环境中集中注意力，对抗干扰；一个是如何在单一、安静的环境中集中注意力，聚精会神。

一、嘈杂中的凝神

从生理角度上来说，对于嘈杂环境的接收程度因人而异，有的孩子感官敏感，总是能第一个听到异样的声音、看到一闪而过的光影，不由自主地去关注周围环境中的变化；有的孩子则反应速度较慢，总是后知后觉，在别人听来是刺耳的噪音，对他来说只是蚊子般的嗡嗡声而已。从心理上来说，想要在嘈杂的环境中聚精会神地从事自己的事情、不受影响其实是完全可以的，只是进入这种专注的状态需要一定的时间。

如何教会孩子在嘈杂不堪的环境中"独善其身"呢?

第一步就是突出自我，只关注自我。让孩子有这样的体会：这时候全世界只有你一个人，全世界存在的只有你自己要做的事，不妨做一个"自私自利"的人，把别人的"感受"、"想法"、"言语"都抛诸脑后，对周围的一切因素都置若罔闻。

第二步就是暗示自己这是一个极其安静的环境。用意念去营造一个虚拟的世界。这里万籁俱静，周围的车水马龙、手舞足蹈的路人、五光十色的物品都只是电视机里的无声图像，只要不去看，他们就等同于不存在。

第三步就是盯着自己要做的内容，阅读它、理解它、思考它，围绕着这件事充分动用自己的精力和体力。如此多试几次，就会排除周围的干扰，集中注意力。如果实在不行，可以让孩子戴上耳机或者耳塞，这种简单的方法有时候也是最有效的。

二、安静中凝神

孩子有时候即使是在极度安静的环境下也无法集中注意力，或许是因为他还没有掌握让精神高度集中的方法，也没有养成专心做事的习惯，这时候就需要做一些系统的训练了。

1.毫无杂念地静坐

家长让孩子端坐在椅子上，双眼平视前方，挺直胸膛和后腰，双腿自然下垂，双脚放平。然后慢慢减缓呼吸的频率，随着呼吸越来越浅，双眼渐渐闭上，心中只想着一件简单的事情，例如"我坐在这里"或是"呼吸"，然后把这个"想法"贯彻全身，让每一个细胞都处于"坐着"或是"呼吸"的状态中。每天1次，每次3分钟。

2.一目了然地静视

家长为孩子准备一件物品，铅笔、橡皮、手表、遥控器等大小适中的物体，将它放置在距离孩子约60厘米的地方。让孩子集中注意力注视它，没必要一动不动地盯着看，可以自然地眨眼，甚至可以让孩子的目光锁定住这个物品，站起来围绕着它走动。对物品进行细致观察，尽可能多地记住它的不同部分的特征，记得越多越好，这个过程持续1分钟左右。随后让孩子闭上眼睛，努力回想这个物品的颜色、形状、特点、功能，应尽可能地加以详细描述，然后对照实物，重复细看一遍，校正心里的印象，眼睛再闭再睁，直到回想和实物特征完全相同为止。

3.边走边看地行视

家长可以陪伴孩子以略慢于平常走路的速度穿过房间，或者绕着房间走一圈，同时让孩子集中注意力去留意尽可能多的物品，然后回想其种类和位置，尽可能详细地说出来，最好能写出来，便于对照补充。以此有效锻炼孩子视觉的灵敏度，也可以锻炼大脑在瞬间强烈的注意力。

59

清理训练，腾出空间，一心一意

情景再现

小羽做作业的时候有一个习惯，那就是把各科作业本全都放在桌子上，她觉得这样方便了解今天都有什么作业、作业量有多少，有利于自己安排写作业的先后顺序。

但实践起来，总是会有意外出现。小羽这天做了一会儿数学题，又想起来刚才的语文作业有个造句好像写得不够好，于是便翻出来语文作业改写；等写完了语文作业，再去写数学作业的时候，却一点也静不下心来，脑袋里想的都是汉字、没有数字；正在失神之时，她看了一眼课程表，又想起明天手工课要带的材料自己还没有准备；想着想着，眼前这一道简单的运算题就已经花费了她10分钟还没有写出个答案。

妈妈过来"视察"，看到小羽这副恍恍惚惚的样子，略带责备地说："这都几点了，你的作业还没写完？"

"就差数学了。"小羽说道。

"这些题都很简单啊，你就不能一口气赶紧做完吗？写写停停的干吗呢？"妈妈问。

"我在想其他的作业。"小羽指了指书桌上七零八落的各种作业本。

"你把书桌弄得这么乱，花花绿绿的，多干扰写现在的作业啊？"妈妈说道。

"那我收拾一下吧。"小羽动起手来，不到5分钟，书桌上就只剩下了数学作业、空白演算纸、笔和橡皮。

"这样多好，这样才能让你集中注意力呀。"妈妈满意地点点头。

小羽继续写作业，只用了10秒钟就解答出了刚才耽搁了她10分钟的那道题。

孩子的心里话

妈妈说的话很对呀。我把书桌收拾干净了，现在眼前只有和数学作业相关的东西，想要分心去想别的事情都很难呢。这么快就把数学作业写完了，真是出乎我的意料。原来我以前写作业慢不是因为我笨，而是因为书桌太乱导致我的注意力不能集中，所以才耽误了写作业。

家长该怎么办

研究发现，干净整洁的书桌能够让视野开阔，充分调动大脑，便于注意力集中到书桌上唯一存在的东西——自己所要做的事情上来。如何进行清理训练呢？就拿训练孩子在学习时的专注力来举例吧。

一、清理无关环境

首先要让孩子清除书桌上全部和学习无关的东西：玩具、零食、杂志、垃圾等等。写作业的时候，只留下现在要做的科目，拿走其他已经做完或将要做的科目。千万不要像小羽一样以为所有的东西都在面前是一种掌控、一种方便，实际上它们同时亦是一种干扰、一种诱惑，既与现在的事情无关，也于现在的事情无益。

二、逐步放松身心

然后让孩子舒适地坐在椅子上或躺在床上，闭目静待，完全忘记刚才书桌的模样和上面存在过的东西，向身体的各部位传递休息的信息。家长可以动用暗示的力量，先从双脚开始，告诉孩子"你的双脚很累，需要放松休息"，随后由下往上地指示孩子的脚踝、小腿、膝盖、大腿、躯干全部松弛下来，之后再放松左右手。这时将身体中那种放松的感觉由下至上地传递到颈部、头部、脸部，最终令全身的骨骼放松、肌肉放松、表情放松。这种放松训练的技巧和效果，需要反复练习才能较好地掌握，一旦孩子自己也掌握了这种方法，他就能在短短几分钟内，让身心达到轻松平静的状态。

三、设定单一内容

清理训练不仅仅是让孩子所处的环境、所想的事情单一化，家长也应该注意到这一点：交给孩子做的事情、分配给孩子的任务也要单一化。如果家长因为"贪心"希望孩子同时完成很多事，让孩子多个项目齐头并进，反倒常常是顾此失彼、拖泥带水，做出丢了西瓜捡芝麻的事情来。这时候别去责怪孩子注意力分散，要怪只能怪家长设定的内容太多，不在孩子的掌控能力之内。家长不如一次只要求孩子完成一件事情、交给孩子一个任务，但是必须有始有终、全神贯注地去完成。

60

重复训练，抓反复，反复抓

情景再现

强强被老师"告状"了。老师向强强妈妈反映强强上体育课时注意力不集中，老师说"齐步走"，他总是慢半拍，老师说"向右转"，他却继续往前走，老师说"立定"，他总是最后一个停下脚步的人，没少挨体育老师的批评。

"你上体育课时为什么三心二意的呢？老师说你其他课都没有问题，就是在体育课上这种注意力分散的现象特别严重。"妈妈问道。

"我也不知道，是我反应慢吧。"强强低着头说。

"如果你专心听老师说什么了，又怎么会反应慢呢？"妈妈一语道破。

"那你说我怎么办？"强强问。

"我们得好好训练一下提高你的注意力了。"妈妈若有所思地说。

于是妈妈带着强强每天放学后去锻炼身体，训练提高他的注意力。在一处很少有人逗留的小区空地上，妈妈学着体育老师的样子，指挥着强强的动作：齐步走、向左转、向右转、立定、稍息……妈妈教会强强如何排除周围的干扰，只关注她一个人的指令，时刻记得自己是在做什么。经过一个星期的训练之后，强强的反应速度大大提高了，妈妈也没再听到老师说强强的注意力不集中的问题，颇为欣慰，以为大功告成，就恢复了以往的作息安排。

结果一个月不到，强强固态萌发，又在上体育课的时候"慢半拍"了，妈妈甚为不解：这又是哪里出的问题呢？对强强的训练明明已经收到成效了，为什么会反弹呢？

孩子的心里话

我上其他课的时候可能也经常注意力不集中吧，只是在体育课上大家都做一样动作的时候，这个问题才特别明显，稍微走神了几秒钟，就跟不上老师的口令了。妈妈对我的训练很有效，这一个月里，我再没有在体育课上"出丑"了。不过今天我居然又在老师说"立定"时继续往前走了，还踩了前面同学的脚，真是丢人。妈妈的训练看来又失效了。

家长该怎么办

注意力的培养，不能仅仅盯着注意力本身，更应该从养成一种好习惯出发，有了好的习惯，不愁改不掉注意力差的问题。强强妈妈针对强强体育课上注意力差的问题进行了专门的训练，但这种"应急"的训练是治标不治本的，并没有从养成专注的好习惯入手，其目的性是单一的短期的，所以难以巩固下来也不足为怪了。

那么，如何养成孩子注意力集中的好习惯呢？反复训练是必需的。

一、重复，提升注意力的"智力操"

日常生活中，细心的妈妈很容易发现：孩子总是喜欢做重复的事情，把瓶盖拧开再拧上、把书打开再合上、把积木推倒再堆好、重复地看一集动画片、重复地听一个故事……甚至重复几十次都没有停下来的意思。这在成人看来是幼稚无聊、微不足道、毫无意义的。但是孩子却从这种反反复复的行为中得到了反反复复的乐趣，似乎有一种无穷的吸引力一般，让孩子乐享其中，这对他来说是最大的意义。深究下去，人们会发现，孩子从这种重复之中拓展了他们对世界的认识、发展了对自身的探索、巩固了已经学会的技能，让他们获得了成就感和独立感，是成长历程中不可或缺的一步。重复行为看似"幼稚"，其实是在做出通往"成熟"的努力，看似"无聊"，其实充满了孩子需要的乐趣，看似"微不足道"，其实对孩子的成长、家长的教育都意义重大。而且重复行为本身，正是注意力高度集中的表现。

二、培养注意力按阶段分步走

培养注意力的重复训练分三个阶段，必须全部完成才能够从根本上提升孩子的注意力，不能坚持到最后也就意味着前功尽弃。

第一阶段：此阶段的期限较短，一个星期左右。特征表现为"刻意，不自然"。即这个时候孩子处于一种习惯性注意力分散的状态中，在家长的指挥提醒下去有意识地做事。这个阶段，家长的训练行为较为刻意，具有强烈的针对性和目的性，孩子则会觉得有些不自然、不舒服、不情愿，甚至有点抵触情绪。

第二阶段：此阶段的期限较长，一个月左右。特征表现为"刻意，自然"。即家长对孩子的训练仍然处于规范化中，一切都有条不紊地进行着，孩子也因为见到了训练的效果而非常配合，注意力集中的行为趋于自然。但这个阶段也是孩子最容易反复的时候，一不留意，还会恢复到从前的状态。强强就是一个很好的例子。因此进入这个阶段后，家长千万不要像强强妈妈一样"见好就收"，以为终于熬出头了，其实这只是孩子拥有好习惯的美好表象，是在家长的提醒下才做到的，并不是独立自主、发自内心的意志力的行为。所以家长要继续坚持下去，甚至还需要刻意地提醒孩子。

第三阶段：此阶段的期限是三个阶段之首。特征表现为"不经意，自然"。这种状态本质上就是一种习惯，这一阶段被称为"注意力的稳定期"。换句话说，孩子的注意力已经到了稳步提升的阶段，对应该去全神贯注从事的事情形成了集中注意力的习惯。这个阶段，家长已经用不着刻意地提醒孩子要专心致志、不要三心二意了，经常会发现孩子能在不被命令提醒的情况下，自己在不经意之间聚精会神地完成一件事，似乎这本来就是自己处事的风格。所以在这个阶段中，家长的角色定位就从监督者、教育者变成了观察者、鼓励者，从纠正孩子的坏习惯变成了巩固孩子的好习惯。

三、欲速则不达：要抓反复，反复抓

俗话说得好"冰冻三尺，非一日之寒，冰化三尺，非一日之暖"。孩子的注意力分散不是突然发生的，想要让孩子的注意力集中也不是一天两天、一次两次的训练能够做到的。注意力不集中或许是孩子一千次无意识

行为养成的坏习惯。家长必须有一千零一次有意识地帮助他改正坏习惯、提高自身品质的决心和耐心。所以家长教育孩子的时候，尤其是对孩子做反复训练之时，一定要意识到：提高注意力不是一朝一夕就能达到目的的事情，想要孩子专心、家长省心，必须做好长期训练，持之以恒。只有保持教育的长效性，才能培养孩子的好习惯，也才能顺顺利利地矫正孩子注意力差的问题。